Der Biber

Fabeln, Märchen, Geschichten und Gedichte aus aller Welt – ein Lesebuch

Karl-Andreas Nitsche

Der Biber

Fabeln, Märchen, Geschichten und Gedichte
aus aller Welt – ein Lesebuch

JUF multimedia, Dessau 2013

Impressum:

1. Auflage 2013
Lektorat & Layout: Petra Herbst

www.epubli.de

© JUF multimedia Dessau - www.juf-multimedia.de

ISBN: 978-3-8442-7247-5
Preis: 17,50 €
(Titelbildzeichnung von Karl-Andreas Nitsche, Biber am gefällten Baumstamm, Bleistift, 2005)

INHALT

Vorwort von Prof. Dr. Volker Zahner 11
Der Biber im Brockhaus-Lexikon 13

Fabeln

Aesop
Der Biber 16

Phaedrus
Fiber 16
Der Biber 16

Ludvig Baron von Holberg
Der Elephant und der Biber 17
Der Hochmuth des Maulwurfs 17
Des Affen unbegründete Klage 17
Des Bibers Aufführung im Richteramte 18
Der Fuchs gibt dem Bieber einen Rath 18

J.F. Kazner
Der Biber und der Fischotter 19

Johann Benjamin Michaelis
Der Elephant und der Biber 19

Gottlieb Konrad Pfeffel
Das Hermelin, der Biber und das wilde Schwein 20

Gerhard Branster
Von wem was kommt, ist nichtig: daß was kommt, ist wichtig 22

Dirk Seliger
Die Biber und der Damm 22

Ulrike Tanner
Der Hahn und der Biber 23

Timo Krischkowski & Panagiotis Dimou
Biber und Fuchs 23

J. C. Poestion
Stalo beim Biberfang 24

Frank Winkler
Der Biber und der Bär 24

Physiologus
Vom Biber 25

Herr Smil von Pardubic
   Der Biber   25

Anonym
   Der Biber   26

Johann Heinrich Pestalozzi
   Der Biber und der Marder   26
   Der Stier und der Biber   27

Der Stricker
   Der Wolf und der Biber   27

nach Friedrich Wolf
   Der wackre Igel   30

Helmut Wördemann
   Der gereizte Biber   30

Sikumu
   Biber Bienenfeind oder Die Kunst des Vergessens   32

Jonathan
   Nachbarn   33

Märchen

   Vom Ursprung des Bibers   36
   Der Biber und das Stachelschwein   37
   Biber und Stachelschwein   37
   Coyote und Biber tauschen ihre Frauen   38
   Die Frösche und der Mondmann   39
   Ictinike macht Besuche   41
   Die Legende von der Bibermedizin   43
   Der Biber und das Stachelschwein   45
   Coyote und der Biber   48
   Wie die Welt entstand   49
   Die vierfüßigen Völker   50
   Der Schneckenmann   50

Geschichten

James Thurber
   Arthur und Al auf Freiersfüßen   53

Gennadi Snegirjow
   Die Biberburg   54
   Das Biberjunge   54
   Der Biberwächter   55

Naskapi Indianer
   Opfer von Biberfleisch   56

Franz Abendroth
   Von de Biwerte, de Farschter un de Liewespärchen innen ahlen Tierjarten   57
   Vom Keilenbeißer, von Bademeistern, Fischern, Förstern aus dem Tiergarten. Bibererlebnisse vor dreißig Jahren   61

Karl-Andreas Nitsche
   Eine kleine Bibergeschichte   69

Manfred Bürger
   Wie Elbebiber ihren Kopf durchsetzen   70

Frigger
   Besuch bei Bibers   71

Meleen
   Der schiefe Baum   72

Anonym
   Die Geschichte von zwei kurzsichtigen Bibern   74

Anni Poisinger und andere
   Gefahr am Biberdamm   76

John O. Johnson
   A Beaver Tale   78
   A Beaver Tale (revised)   78

Erich Ecke
   Heimliche Holzfäller   79

Ann M. Dunn
   When Beaver Was Very Great   81

Gedichte, Reime und Lieder

Jost Amman & Hans Bocksperger
   Der Biber   83

Heinrich Seidel
   Der Biber baut Kanäle!   83

Anonym
   Biber und Wels   84

Burkhard Stender
   Fischlein und Biber   84

Ingo Baumgartner
    Wie der Biber zu seinem Plattschwanz kam   85

Anonym
    Der Otter und der Biber   85

Detlef Thiele
    Der Biber   86

Anonym
    Schaut ihn an, den Biber   86

Gerhard Borkenhagen
    Unnötiger Kummer   86

LgBienli 99
    Biber Gedicht   87

Joseph Victor Scheffel
    aus: Der Pfahlmann   88

Anonym
    Meine Biber haben Fieber   88

Ignaz Friedrich Castelli
    Der Biber und der Esel   88

Jörg Benner
    Der Biber-Zyklus   88

Maja Borisowa
    Die Biber   89

Franz Abendroth
    Zum Schutz des Bibers   90

Nils Werner
    Ein kleines Biberkind   90

Ralf Hoffmann
    Der Biber   90

Manifest
    Der Biber   93

Henning Brunke
    Ein Biber namens Bogumil   94

Haydolight
    Der Hausbau   94

Cassandra
    Aus dem Biberheldenleben   95

Schüler der Primarschule Zwillikon
    7 Gedichte zum Biber   96

Alfons Pillach
    Aus Prinzip   98

Peter Matzanetz
    Biber und Lachs   99

Guido Kasmann
    Der Biber und der Schmetterling   99

3 Lieder der Beavers (Pfadfinder in Kanada)
    I´m a Little Beaver   100
    I´m a Beaver   100
    Slapping Tails   101

Mary Howitt
    The Beaver   101

Eugen Roth
    Der Biber…   102

Freiligrath
    In einer solchen Werkstatt…   102

Karl-Andreas Nitsche
    Bei den Bibern ist was los   103

Robin Sparkles
    The Beaver Song   103

Traditionell
    The Beaver Call   105

Horst Isaria
    Biberlied   106

Pfadfinder Graz 11
    Das Biberlied   106

Gruppe Herrenholz
    Das Biberlied   107

Thomas Reber v/o Neon
    D´Biber si itz da!   108

Pfadi Kantonalverband
    Chaffle, chaffle, Bäum umtue…   109
    Nell & Castor   109
    Und wenn emol en Biber bisch…   110
    Der Biber und sini Fründe   110

Biber stoh uf!	111
Biberblues	111

Biberling
Rulla, rulla rullala	111
Es werken die Biber	112
Biberlein komm tanz mit mir	113
Wer will fleißige Biber sehen	113
Nag nag nag – Biber sind wir	114

Andalusion
Darryl the Beaver	115

Kayne West / Arrogant Worms
We Are The Beaver	116

Brittany Serrador
The Beaver Song	117

Anonym
The Busy Beaver Song	117

Steve Van Zandt
I´m Proud To Be A Beaver	117

Phil Alexander
Beaver	118

Бобриная песня
Biber-Liedchen	120

Святая жизнь навеки суждена… - Иван Роботов
Heiliges Leben, für immer gegeben… - Iwan Robotow	120

Бобёр – Русская народная песня
Biber – russisches Volkslied	121

Про бобра	122
Über den Biber	123
Sprichwörter	124
Russische Aphorismen	129
Literaturhinweise und Quellenverzeichnis	132
Namen des Bibers in verschiedenen Sprachen	136
Zum Weiterlesen	138

Vorwort

Vieles ist inzwischen bekannt über den Biber, unser größtes heimisches Nagetier: Ökosystem Ingenieur, Motor der Biodiversität, Schlüsselart und Wasserbauer sind Attribute, die man ihm mit Recht zuschreibt. Doch die Annäherung an ihn ist seit seiner Rückkehr in weiten Teilen Deutschlands vor allem naturwissenschaftlich geprägt und zunehmend sozialempirisch, gelegentlich irrational, aber kaum literarisch emotional.

Anders als im restlichen Deutschland, war der Biberbestand an der Elbe nie erloschen. Und die Elbe war seit langem ein Hort des Biberwissens. Biberforschung, Bibermonitoring und Bibermanagement, wenn auch mit anderem Vokabular, haben hier ihren Ursprung, zumindest für Deutschland. Kein Wunder also, dass gerade ein Mann von der Elbe, der von klein auf mit Bibern Kontakt hatte und die ihn bis heute in seinem Leben begleiten, diesen ungewöhnlichen Weg einer Hommage an den Biber wählt.

Völlig neu für die heutige Zeit ist der Zugang, den Karl-Andreas Nitsche in diesem Buch wählt. Mit Sagen, Erzählungen, Geschichten, Novellen, Liedern und Sprichwörtern, die er aus der gesamten nördlichen Hemisphäre zusammen trug, bringt er den Biber wieder zurück in unsere Kulturwelt, in unsere Köpfe und in unsere Herzen.

Dahinter steckt Jahrzehnte lange Recherche- und detektivische Feinarbeit. Mit dieser umfassenden Sammlung hat er einen kleinen Schatz gehoben. Nur wenige Tiere haben die Aufmerksamkeit so stark auf sich gezogen und die menschliche Fantasie so sehr zu unglaublichen Spekulationen beflügelt, wie der Biber. Dennoch gibt es, anders als bei Fuchs, Wolf oder Bär im eurasischen Raum relativ wenige Sagen oder schriftliche Überlieferungen zu Meister Bockert. Ganz anders ist dies in Nordamerika, wo der Biber sogar in dem Schöpfungsmythos tragende Rolle spielt. Beides wird in dem vorliegenden Buch dargestellt.

Bleibt zu hoffen, dass diese Sammlung einen weiteren Mosaikstein liefert, für eine etwas andere Sichtweise, die vielleicht zu mehr Verständnis und Akzeptanz führt, damit der Biber wieder in der Wahrnehmung vom Problemtier zum Ökosystem Ingenieur wird.

Volker Zahner, Freising /Weihenstephan

Brockhaus´ Konversations-Lexikon. Vierzehnte vollständig neubearbeitete Auflage in sechzehn Bänden. Zweiter Band. F. A. Brockhaus in Leipzig, 1894. Seiten 962-963.

Biber (Castor *L.*), eine Gattung der Säugetiere aus der Ordnung der Nager, welche sich durch den horizontal abgeplatteten, breiten, schuppigen Schwanz und die mit Schwimmhaut versehenen Hinterfüße auszeichnet. Die Nagezähne sind sehr stark, die obern mit keilförmiger Schneide, Backenzähne überall vier, mit Schmelzleisten, und die Füße kurz, fünfzehig. An der zweiten Hinterzehe befindet sich ein Doppelnagel. Man kennt nur eine Art, den gemeinen Biber (Castor fiber *L.*, s. Tafel: Nagetiere IV, Fig. 1), welcher gesellig die Ufer großer Flüsse Nordeuropas, Nordasiens und Nordamerikas bewohnt, in den größeren Flüssen des westl. Europas nur noch vereinzelt und meist unter gesetzlichem Schutze stehend angetroffen wird; die noramerik. Form hielt man lange für eine eigene Art (Castor canadensis *Kuhl*). In Deutschland ist der B. gegenwärtig noch in der Elbe, von Wittenberg bis gegen Magdeburg, und in der Saale, von ihrer Mündung in die Elbe bis nach Trabitz unterhalb Calbe, zu finden. Einzelne kommen in der Salzach an der österr.-bayr. Grenze und in der Rhône in Südfrankreich vor. Von den übrigen europ. Ländern beherbergen ihn noch am häufigsten Bosnien, Rußland und Norwegen. Früher hielt er sich auch südlicher, z.B. in Asien am Euphrat und sogar in Indien auf; jetzt wird er auch im Norden, besonders in Nordamerika, durch die vielen Nachstellungen seltener; doch werden immerhin große Mengen von dorther in den Handel gebracht (s. Biberfelle). Der B. hat ungefähr die Größe und plumpe Gestalt eines Dachses, mißt 75-80 cm ohne Schwanz, ist oben rotbraun bis ins Schwärzliche und unten heller gefärbt; auch kommen weiße, gelb oder gefleckte Spielarten vor. Der Schwanz ist braunschwarz. Der Körper ist dick, gedrungen, der Hals kurz und dick, der Kopf rundlich-dreieckig, rattenähnlich, die Nase breit und kahl mit großen verschließbaren Nasenlöchern; die Augen stehen seitlich; die Ohren sind sehr klein und fast unter dem Pelze versteckt. Bekannt ist der Kunsttrieb und die gesellschaftliche Thätigkeit der B., über welche aber mancherlei Übertreibungen und Fabeln verbreitet worden sind. Um sich nämlich gegen die Winterkälte und Strömungen zu schützen, errichten die B. Bauwerke, welche sie, da zu deren Herstellung die Kräfte des einzelnen nicht ausreichen, gemeinschaftlich aufführen. Sie bauen kunstlose, stumpf kegelförmige Wohnungen, welche aus zusammengeschichteten Ästen, Reisern, Schlamm und Steinen bestehen, 1,50 bis 1,60 m über das Wasser emporragen, ihren Eingang unter dem Wasser haben und in dem untern Teile die Wintervorräte enthalten. Damit nun der Stand des Wassers um ihre Wohnungen herum gleichhoch bleibt, errichten die B. noch Dämme um die letztern, welche auf die gleiche Weise aus Holzstücken, Schlamm und Steinen kunstlos zusammengesetzt sind. Niemals aber bedienen sich die B. ihres Schwanzes beim Bauen als Kelle oder gar Schlägel. Das nötige Holz verschaffen sie sich, indem sie die Stämme der am Ufer stehenden Sträucher und auch ziemlich starke Bäume durch Nagen fällen; sie können mit einemmal einen zolldicken Ast durchbeißen. Weil nun auch die Nahrung aus Baumrinde besteht, so fügen sie den Wäldern an den Flußufern viel Schaden zu. Außer diesen backofenförmigen Wohnungen haben die B. stets noch Fluchtröhren in der Nähe am Ufer, deren Öffnung unter das Wasser geht; da wo sie im Bauen gestört werden, oder überall, wo sie nur vereinzelt vorkommen, bewohnen sie nur solche Uferröhren.

Die B. werden gejagt, teils wegen ihres wertvollen, dichtwolligen, mit langen glänzenden Grannenhaaren durchspickten Pelzes (s. Biberfelle), teils wegen des Bibergeils (Castoreum), einer käseartigen, eigentümlich und durchdringend riechenden, in der Heilkunde gebräuchlichen Substanz, welche in zwei, dem After naheliegenden Beuteln enthalten ist.

Man unterscheidet im Handel nur zwei Sorten des Bibergeils, russ., moskowit. oder sibir. und amerik., canad. oder engl. Bibergeilbeutel, von denen die erstern geschätzter und teurer sind; beide Sorten waren früher offiziell; in neuerer Zeit indes nur das amerikanische und auch dieses hat in dem neuesten Deutschen Arzneibuche (1891) keinen Platz mehr gefunden. Es wurde früher in der Medizin bei Nervenzufällen, insbesondere in der Hysterie, sowie bei Typhus als krampfstillendes, beruhigendes und belebendes Mittel, sowohl in Pulver- und Pillenform, wie als Tinktur (Tinctura Castorei Sibirici und Tinctura Castorei Canadensis aus 1 Teil Bibergeil und 10 Teilen Spiritus bereitet) vielfach angewandt. Ehedem war auch das Bibergeilfett (Pinguedo oder Axungia Castorei), welches sich in zwei neben und unter den Bibergeilbeuteln befindlichen Ölsäcken vorfindet, in der Heilkunde gebräuchlich. Als billiges Ersatzmittel des Bibergeils diente wohl auch eine ähnliche Substanz, das vom Kap der Guten Hoffnung eingeführte Hyraceum oder Dasjespiß, welches aus eingedicktem Harn des sog. Klippdachses (Hyrax capensis) besteht. Das Zurückdrängen des B. bringt es mit sich, daß auch in den zoolog. Gärten nur höchst selten europ. Exemplare zu finden sind, daß die Gattung vielmehr meist durch den amerik. B. vertreten ist. Derselbe wird mit 200 M. bezahlt und hält in der Regel gut aus. Man muß, um ihn zu sehen, allerdings die Dämmerungsstunde wählen, denn den Tag verbringt er schlafend in seiner Schutzhütte. Als Futter gibt man ihm Brot, Wurzeln und Weidenäste, deren Rinde er verzehrt und an deren Holz er seine Schneidezähne abnutzen kann. Von den echten B. sind wohl zu unterscheiden der Zibethbiber, Bisamratte (s.d.) oder Ondatra (Fiber zibethicus *Cuv.*), eine große Wasserratte Nordamerikas, und der Sumpfbiber (s.d.) oder Coypu (Myopotamus coypus *Geoffr.*) in Südamerika.

Brockhaus Enzyklopädie in vierundzwanzig Bänden, Neunzehnte völlig neubearbeitete Auflage. Dritter Band. – F. A. Brockhaus, Mannheim, 1989, Seite 272-273.

Biber, 1) *Biologie:* **Castoridae,** Familie der (pflanzenfressenden) Nagetiere mit zwei Arten, dem **Eurasiatischen B.** (Castor fiber) und dem **Nordamerikanischen B.** (Castor canadensis). Mit einer Kopf-Rumpf-Länge bis zu 90 cm und einem Höchstgewicht von 38 kg sind die B. nach dem Wasserschwein die größten rezenten Nager. In ihrem sich in und an Wasserläufen erstreckenden Lebensraum haben die plumpen, kleinäugigen und –ohrigen, braunschwarz bis dunkelgrauen Tiere versch. Anpassungen entwickelt: 1) Die Zehen der Hinterfüße sind durch Schwimmhäute miteinander verbunden, dagegen sind die Vorderfüße klein und als Greiforgane entwickelt. 2) Der bis zu 30 cm lange Schwanz ist unbehaart und horizontal abgeplattet, breit; er fungiert als Höhen-Tiefen-Ruder beim Tauchen (Höchsttauchlänge rd. 300 m, max. Tauchdauer etwa 20 Minuten): 3) Zum Einfetten des Fells dienen paarige, in die Kloake mündende Öldrüsen, deren Sekret mit einer >Putzkralle< der 2. Hinterzehe verteilt wird. Die Orientierung an Land erfolgt überwiegend durch den Geruchssinn, Wege und Revier werden mit dem B.-Geil (→Castoreum) markiert. – Als Zuflucht- und Wohnstätte bauen B. Uferhöhlen mit Unterwasserzugang und Luftschacht, deren Wohnkessel bei einem Durchmesser von rd. 1,2 m etwa 0,5 m über dem Wasserstand liegen. Dämme aus Stämmen, Ästen und Schlamm tragen zur Wasserregulierung bei. B. fällen bevorzugt Weichhölzer, v.a. Weiden und Pappeln, indem sie sie keilförmig annagen. – Die Begattung findet im Wasser statt (in der Zeit zw. Januar und März); das Männchen schwimmt dazu mit der Bauchseite nach oben unter das Weibchen. Die bis zu acht Jungen eines Wurfes sind bald schwimmfähige Nestflüchter, die im 3. Lebensjahr selbständig werden. – Die durch B.-Dämme entstehenden mäanderartigen Flußläufe haben große ökologische Bedeutung: Das Wasser strömt nicht so schnell ab, der Grundwasserspiegel steigt, Trockenzeiten werden besser überstanden, Schwemmland wird für feuchtes Weideland gebildet, an dessen Ufern Büsche und Bäume gedeihen können, günstigere Laichgelegenheiten für Fische werden geschaffen. Für den Winter werden Äste unter Wasser gehortet. – B. stehen unter Naturschutz; erfolgreiche Wiedereinbürgerungen v. a. in Bayern an Inn und Donau, in Mittelfranken, im N der Dt. Dem. Rep. und im Elsaß.

Fabeln

Der Biber – Aesop

Der Biber ist ein Tier mit vier Füßen, das im Sumpf lebt. Es heißt, dass seine Geschlechtsteile zur Behandlung bestimmter Krankheiten nützlich sind. Wenn ihn nun jemand entdeckt hat und verfolgt, weiß er, wozu er verfolgt wird. Er flieht dann zwar ein Stück weit, indem er sich der Schnelligkeit seiner Füße bedient, um sich mit seinem ganzen Körper in Sicherheit zu bringen. Sobald er aber gefangen zu werden droht, reißt er sich seine Geschlechtsteile ab, wirft sie dem Verfolger vor die Füße und rettet auf diese Weise sein Leben.
So gibt es auch unter den Menschen vernünftige, denen man wegen ihres Geldes nachstellt. Sie verzichten darauf, um ihre Sicherheit nicht zu gefährden.

(www.webergarn.de / Fabeln des Aesop)

Fiber – Phaedrus

Multi viverent, si salutis gratia parvi facerent fortunas.
Canes effugere cum iam non possit fiber
(Graeci loquaces quem dixerunt castorem
et indiderunt bestiae nomen die,
illi, qui iactant se verborum copia).
abripere morsu fertur testiculos sibi,
quia propter illos sentiat sese peti.
Divina quod ratione fieri non negem;
venator namque simul invenit remedium,
omittit ipsum persequi et revocat canes.
Hoc si praestare possent homines, ut suo
vellent carare, tuti posthac viverent;
haud quisquam insidias nudo faceret corpori.

Der Biber – Phaedrus

Viele würden überleben, wenn sie, um sich zu retten, Glücksgüter gering achteten. Sobald der Biber merkt, er schafft es nicht, den Hunden zu entfliehn – die Griechen, die mit Worten schwatzhaft um sich werfen, benannten ihn nach Kastor

und haben so dem Tier des Gottes Namen beigelegt -,
dann, weiß man, beißt er sich die Hoden ab,
weil er sich ihretwegen angegriffen fühlt.
Daß dies dank höhrem Plan geschieht, ist nicht zu leugnen;
sobald der Jäger nämlich jenen Trick verspürt,
läßt er den Biber laufen, ruft zurück die Meute.
Wenn das die Menschen über sich vermöchten,
daß sie auf das Ihre verzichteten,
sie würden nachher sicher leben.
Denn niemand stellt wohl einem Nackten nach.

(aus: Phaedrus, Der Wolf und das Lamm. Fabeln lateinisch-deutsch, Leipzig, Philipp Reclam jun., 1312, 1989, herausgegeben von Volker Riedel, Seiten 190-191)

Der Elephant und der Biber – Ludvig Baron von Holberg

Ein Elephant und ein Biber sprachen einstmals von dem Laufe der Welt miteinander, sowohl in Ansehung der Thiere, als der Menschen. Unter anderen Dingen fragte der Biber den Elephanten, welche Herrlichkeiten er sich am liebsten wünschen mögte, entweder Reichthum, oder Weisheit? Der Elephant antwortete: Ich wollte mir wohl Weisheit wünschen, wenn ich nicht sähe, daß so viele weise Sollicitanten und studierte Leute mit niedergeschlagenen Köpfen in den Vorgemächern der Narren stünden.

(aus: Moralische Fabeln des Herrn Baron von Holberg,. Die 185. Fabel , Aus dem Dänischen Leipzig-Kopenhagen, 1752 / digitale.bibliothek.uni-halle.de)

Der Hochmuth des Maulwurfs – Ludvig Baron von Holberg

Ein Maulwurf fragte einen Biber, der eine Bedienung bey Hofe hatte, was man von ihm an dem Hofe des Löwen spräche? Der Biber antwortete darauf: ich habe nicht merken können, daß am ganzen Hofe jemand weiß, daß solche Thiere, die man Maulwürfe nennet, in der Welt sind.

(aus: Moralische Fabeln des Herrn Baron von Holberg,. Aus dem Dänischen, Leipzig-Kopenhagen, 1752 / digitale.bibliothek.uni-halle.de)

Des Affen unbegründete Klage – Ludvig Baron von Holberg

Der Biber verfasste einstmals ein Schauspiel, in welchem er auf eine kurzweilige Art die Fehler und Torheiten der Tiere und Vögel schilderte. Alle rühmten dieses Werk, indem sie es nicht allein für unschuldig, sondern auch für nützlich hielten.

Nur allein der Affe beschwerte sich sehr heftig darüber, und sagte: das ganze Werk zielte auf ihn. Er nahm sich daher vor, eine Klage über den Verfasser einzugeben, und fragte einen Bär um Rat, was er für Satisfaction verlangen könnte. Der Bär sagte darauf: Lieber Morten!
Ich wollte wohl darauf schwören, der Verfasser habe nicht an dich gedacht. Bedenke lieber, dass es fast eine Unmöglichkeit ist, eine Komödie zu machen, ohne in allen Auftritten einen Affen zu treffen. Der Affe versetzte: Wenn ich kein Recht erhalten kann, so will ich selbst ein Schauspiel verfertigen, um mich an dem Biber zu rächen. Ach! Ach! Sagte der Bäre; es ist leichter eine Komödie über einen Affen zu schreiben, als dass ein Affe selbst eine verfertigen sollte.

(aus: Moralische Fabeln des Herrn Baron von Holberg,. Die 112. Fabel, Aus dem Dänischen, Leipzig-Kopenhagen, 1752 / digitale.bibliothek.uni-halle.de)

Des Bibers Aufführung im Richteramte – Ludvig Baron von Holberg

Ein Biber hatte durch sein, einige Jahre fortgesetztes Studieren eine solche Kenntnis der Natur erlangt, dass ihm die Eigenschaften aller Tiere, Vögel, Insekten, Bäume und Pflanzen bekannt waren.
Der große Name, den er sich durch diese Gelehrsamkeit erworben hatte, verursachte, dass man ihm ein ansehnliches Richteramt antrug, und er weigerte sich auch nicht, solches anzunehmen, weil er glaubte, es wäre auch höhern und wichtigern Bedingungen gewachsen. Allein, seine Urteile waren so ungereimt und so wenig begründet, dass alle Tiere ihren Spott damit trieben; ja, er merkte selbst, dass er zu einem solchen Amte nicht geschickt genug war, daher legte er es freiwillig nieder und sagte: Hätte ich mich mit etwas weniger Fleiss auf die Untersuchung der Natur der Insekten und Pflanzen gelegt, und mich hingegen etwas mehr darauf beflissen, mich selbst zu kennen, so würde ich mich eines Richteramtes nicht unterzogen haben.
Diese Fabel zielt auf diejenigen, welche alles, nur nicht sich selbst kennen.

(aus: Moralische Fabeln des Herrn Baron von Holberg,. Die 125. Fabel, Aus dem Dänischen, Leipzig-Kopenhagen, 1752 / digitale.bibliothek.uni-halle.de)

Der Fuchs giebt dem Bieber einen Rath – Ludvig Baron von Holberg

Ein Biber hatte bey einem andern vornehmen Biber lange in Diensten gestanden. Seine Mitbedienten waren inzwischen, einer nach dem anderen, befördert worden, er aber blieb beständig in seinem alten Posten stehen. Er beschwerte sich darüber bey einigen Thieren, insbesondere auch bey einem Fuchs. Der Fuchs fragte ihn: was die Ursache dieser Kaltsinnigkeit, die sein

Herr gegen ihn allein blicken liesse, seyn mögte? Der Biber antwortete: Es ist noch kein Diener von meinem Herrn so geliebet worden als ich. Das ist just das Unglück, sagte der Fuchs. Ich weiss dir keinen bessern Rath zu geben, als daß du dich durch deine Aufführung eben so verhasst machst, als du bisher beliebt gewesen. Der Biber folgte diesem Rath, und befand sich in kurzem sehr wohl dabey; denn der Herr merkte, daß ihm nicht mehr mit ihm gedient war, machte er sich von ihm auf gute Art los.

Diese Fabel zeiget, daß der Vortheil mancher Diener durch ihrer Herren allzu grosse Liebe verhindert wird; und weil man sie nicht missen will, so müssen sie stets in der Sklaverey bleiben.

(aus: Moralische Fabeln des Herrn Baron von Holberg,. Die 95. Fabel, Aus dem Dänischen, Leipzig-Kopenhagen, 1752 / digitale.bibliothek.uni-halle.de)

Der Biber und der Fischotter – J. F. Kazner

Ein Biber gestattete einst dem Fischotter seinen künstlichen Bau zu betrachten. „Erlaube mir, mein Freund!" fing der Fischotter an, „dich zu fragen, warum du so viel vergebliche Kunst und Arbeit an die Aussenwerke verwendet hast, da dich die letzte Kammer allein für alle Anfälle deiner Feinde in die vollkommenste Sicherheit setzt?"

„Meine Wachsamkeit möchte mich verlassen," antwortete der Biber, „und in diesem Fall dürfte mir keine Zeit übrig bleiben, mich in das Innerste meines Baues zurück zu ziehen." –

Wer ein Geheimniß zu verwahren hat, thut wohl daran, es mit einen unbedeutenden Zaun zu umgeben, dem der Nothfall dem fremden Fürwitz, und der eigenen Menschlichkeit preißgeben kann.

(aus: J. F. Kazner, Fabeln, Epigramme und Erzählungen, Frankfurt am Mayn, 1786)

Der Elephant und der Biber – Johann Benjamin Michaelis

Ein weiser Elephant nahm seinen Aufenthalt
In einem abgelegnen Wald.
Ein andrer Eremit, der Biber, sprach zuweilen
Hier unserm stillen Weisen zu.
Einst redeten sie vom Hof. „Und warum gehst denn du,"
Sprach jener, nicht dahin? Sieh, wie die Tiere eilen:
Erst Würden sich erflehn, bald selber sie erteilen,
Und um den Herrn zu sein, ist eben keine Last."

„Ei", sprach der Elephant, „mir ist der Hof verhasst.

So lang´ ich auch des Löwen Sitten kannte,
Kam doch zu ihm kein einz´ger Elephante;
Denn alles galt der Affe und ein Bär:
Weil jener sklavisch alles lobte,
Der in die Untertanen tobte;
Und beides mag ich nicht, drum schlich ich mich hierher."

Wie mancher, der, entblößt von äußerlichen Ehren,
Sein stilles Landgut eggt,
War so der Orden wert, als grob sie zu entbehren,
Weil sie der Lasterhafte trägt.

(www.info@biber-ist-da.de)

Das Hermelin, der Biber und das wilde Schwein – Gottlieb Konrad Pfeffel

Ergriffen von dem Reisefieber,
Verbanden sich ein Hermelin,
Ein wilder Eber und ein Biber.
Auf Abenteuer auszuziehn.
Sie erbten alle keinen Stüber,
Dem nachgebornen Adel gleich,
Von ihren Vätern, und verließen
Voll stolzer Hoffnung Wald und Teich,
Um sich in einem fremden Reich
Das Tor des Glückes aufzuschließen.

Nach einem langen Ritterzug
Und mancher Fährlichkeit erblickte
Ihr Aug´ ein Land, das alles trug,
Was vormals Edens Flure schmückte,
Gebirge, Wälder, Korn und Klee.

Und einen bunt verbrämten See,
Befurcht mit leichten Silberwellen.
Die süß erstaunten Pilger sahn
Das neu entdeckte Kanaan
Wie dort Äneas Spießgesellen
Die Küster der Lateiner an.

Allein was ihre Freude störte,
War eine Grube voller Schlamm,
Die rund umher den Zugang wehrte.
In ihrem schwarzen Schoße schwamm
Ein Heer von Kröten und von Schlangen,
Das zischend bald die Zähne wies,
Bald faule Pestluft von sich blies.
„Was Brüder, ist hier anzufangen?"
Rief das Triumvirat und stand
Bestürzt an des Morastes Rand.
Jetzt hob das Hermelin die Pfote,
Allein es prallte schnell zurück.
„Ein Andrer," sprach es, „wat´ im Kote;
Ich lass es bei dem Probestück.
Was soll ich mir mein Kleid verderben,
Ja gar am Biss der Nattern sterben?
Nein, schade für ein solches Glück!" –

„Geduld, mein Püppchen", sprach der Biber:
„Gebt mir nur vierzehn Tage Frist,
So hilft euch mein Talent hinüber.
Ich bin ein Maurer, wie ihr wisst.
Und will euch eine Brücke bauen,
Die fest wie Gottes Boden ist.
Ihr könnet meinen Worten trauen." –

„Was, vierzehn Tage? Der Termin
Ist lang, ich komme schneller hin.
Da seht!" ruft Junker Haksch und springet
Mit allen Vieren in das Moor,
Das ihm bis an die Kehle dringet;
Doch streckt er stets den Kopf hervor
Und schwingt, zwar besser mit Kot lackieret,
Doch vom Ungeziefer unberühret,
Sich siegreich aus dem ekeln Grab.
Er schüttelt sich den Unflat ab
Und ruft mit einem stolzen Blicke:
„So bahnt man sich den Weg zum Glücke."

(www.info@biber-ist-da.de)

Von wem was kommt, ist nichtig: daß was kommt, ist wichtig – Gerhard Branster

Der Hirsch hielt einen Vortrag über das Verhältnis von Tier und Natur. Davon war der Biber dermaßen begeistert, daß er ununterbrochen Beifall klatschte, während die Eule sich dermaßen darüber ärgerte, daß sie ununterbrochen Buh!! rief. Schließlich versagten dem Biber die Hände und der Eule die Stimme den Dienst. Da rief der Biber Buh! Und die Eule klatschte Beifall.

Das erschien der Pute als Gipfel der Charakterlosigkeit, und sie rief: Ihr solltet euch schämen, von einem Augenblick zum anderen eure Meinung zu wechseln.

Du irrst dich, entgegnete der Biber, wir sind nach wie vor entgegengesetzter Meinung: Einig sind wir uns allerdings in dem wichtigerem Punkte, nämlich darin, daß eine Meinung nur dann etwas nützt, wenn sie auch ausgedrückt wird. Und da wir unsere eigene nicht mehr ausdrücken können, vertritt die Eule die meine und ich die ihre.

Der Effekt, schloß die Eule, ist jedenfalls der gleiche.

(aus: Gerhard Branster, Handbuch der Heiterkeit, Halle-Leipzig, Mitteldeutscher Verlag, 5. Aufl., 1986, Seiten: 303-304)

Die Biber und der Damm – Dirk Seliger

Eine Biberfamilie hatte einen mächtigen hölzernen Staudamm errichtet, um einen kleinen Fluss in einen ruhigen See zu verwandeln, in dem es sich für sie gut leben ließ. Jahrelang hegten und pflegten sie ihr Bauwerk, und es tat seinen Dienst.

Aber irgendwann gelangten die Biber zu der Auffassung, dass das plumpe, grobe Aussehen des Dammes ihrem bautechnischen Können nicht gerecht werde. So kamen sie auf die Idee, ihr Werk verschönern zu müssen.

Also beseitigten die Biber die eine oder andere sperrige Stelle, nagten krumme Äste gerade und versahen das Ganze sogar noch mit ausgefallenen Mustern. Die emsigen Baumeister trieben diese Verschönerungsmaßnahmen so weit, dass der Damm eines Tages der Macht des gestauten Wassers nicht mehr standhalten konnte und durchbrach.

Nicht nur den Bibern entstand dadurch großer Schaden.

(aus: Dirk Seliger, Fabeln. 2. Buch, amicus, S. 58)

Der Hahn und der Biber – Ulrike Tanner

Es war einmal ein junger, eingebildeter Hahn und ein fleißiger Biber. Eines Tages trafen sich die beiden und der Hahn fragte von oben herab: „Wie siehst du denn aus, du Dreckskerl! Was muss man machen, um so auszusehen wie ein Schwein, das sich im Schlamm gewälzt hat?"
„Ich baue gerade meinen Biberbau", erwiderte der Biber nur.
Der Hahn lachte überlegen und sagte: „Geh mir aus den Augen, du Ungeziefer! Na los! Hopp!"
Eines Tages geschah es jedoch, dass ein Gewitter den Wald heimsuchte, in dem die beiden wohnten. Der Biber verrammelte sich in seinem Bau. Der Hahn klopfte frierend und klitschnass an die Tür des Bibers, doch dieser sagte nur: „Eh, du dummer Hahn, du musst mich entschuldigen, denn wenn es dir wieder besser geht, wirst du dich wieder über mich lustig machen, wie eh und jeh."

(www.gymnasium-marktoberdorf.de – Fabeln der Klasse 6a, 2010)

Biber und Fuchs - Timo Krischkowski & Panagiotis Dimou

An einem schönen Morgen kam ein Fuchs an einen Bach vorbei und trank etwas Wasser. Aber als er sich zu weit nach vorn beugte, fiel er in den Bach und wurde von der Strömung mitgerissen. Zur gleichen Zeit kam ein Biber vorbei und der Fuchs flehte im Vorbeischwimmen: „Hole mich bitte aus dem Wasser, sonst werde ich hier noch ertrinken!" Doch der Biber antwortete: „Nein, das kann ich nicht, ich bin sehr beschäftigt."
Aber zum Glück brauchte der Fuchs die Hilfe des Bibers nicht, denn zum Greifen nahe glitt ein großer Baumstamm an ihm vorbei. Er packte den Baumstamm zwischen seine Pfoten und konnte schließlich ans Land springen.
Da ertönte ein Hilferuf aus dem Wald. Der Fuchs lief sofort zu der Stelle, woher der Ruf kam, und sah, dass der Biber vor einem Bären davonlief. Als der Biber den Fuchs sah, schrie er: „Fuchs! Komm mir doch bitte zur Hilfe!" Aber der Fuchs dachte gar nicht daran, dem Biber zu helfen. Stattdessen lief er einfach weiter und der Biber wurde vom Bären in tausend Stücke zerrissen.
Lehre: Wie du mir, so ich dir.

(www.gsgbeerenbostel.de – Fabeln der Klasse 6d)

Stalo beim Biberfang – J. C. Poestion

Stalo hatte ein Garn aufgestellt, um Biber zu fangen, und in einiger Entfernung ein Feuer angezündet, worauf er sich bei demselben auskleidete und zur Ruhe legte, um aber zu wissen, wann ein Biber ins Garn käme, und ihn packen zu können, ehe er sich wieder losmachte hatte er eine Schnur an das Garn gebunden und das andere Ende, welches bei ihm an dem Feuer lag, eine Schelle befestigt, die ihn davon in Kenntniß setzen und nöthigenfalls aus dem Schlaf aufwecken sollte.

Ein Lappe hatte aber diese Vorrichtung wahrgenommen, und als nun Alles in Ordnung war und Stalo sich niedergelegt, ging der Lappe hin und zog an der Schnur. Stalo eilte nackt nach dem Garn, fand jedoch nichts. Inzwischen war der Lappe nach dem Feuer gelaufen und hatte alle Kleider Stalo's hineingeworfen, daher dieser bei seiner Rückkunft dieselben verbrannt fand und sich darüber ärgerte, daß er vor lauter Eile die Kleider ins Feuer geschoben. Er setzte sich indeß nieder und wärmte sich so lang bis die Schelle von Neuem erklang, worauf er wieder zum Garn lief, aber darin ebenso wenig einen Biber fand wie das erste Mal.

Das Schlimmste war, daß, als er zurückkam, das Feuer nicht mehr brannte und er nun jämmerlich zu frieren begann, in welcher Noth er endlich zu dem Monde ging, der eben über dem Horizont heraufkam und zu ihm rief: „Sieh, Vater, wie dein Sohn friert!" wobei er die Hände emporstreckte, aber es half nichts, er erfror trotz alledem.

(aus: J. C. Poestion, Lappländische Märchen, Räthsel und Sprichwörter, Wien, Verlag von Carl Geralds Sohn, 1886, Seiten 168-170)

Der Biber und der Bär – Frank Winkler

Ein Bär schlief in seiner Höhle, als ein Biber plötzlich hereinkommt und sagt: „Guten Tag, Herr Bär, entschuldigen Sie die Störung, aber ich muss Ihnen mitteilen, dass dies hier Biber-Gebiet ist!"
Darauf antwortete der Bär: „Was meinen Sie damit? Soll das heißen Sie wollen mich aus meiner Höhle herausjagen, in der mich meine Mutter geboren hat, in der ich meine ersten Gehversuche gemacht habe und in der ich zusammen mit meinen Brüdern gespielt habe?"
„Nein, aber ich meine …"
„Da gibt es nichts zu meinen, das ist eine Unverschämtheit von Ihnen Herr Biber."
„Ich wollte doch aber sagen, dass …"
„Lassen Sie mich!"

Der Bär geht trotzig aus der Höhle und ruft hinterher: „So etwas hab ich ja noch nie erlebt, mich aus meiner eigenen Höhle zu verscheuchen."
Er läuft auf einer Holzbrücke in Richtung Nachbarhöhle, um sich dort niederzulassen. Das Holz bricht unter ihm zusammen und er fällt in einem Augenblick in ein tiefes Loch. Der Biber ist dem Bären gefolgt und ruft ihm von oben hinunter: „Ich sagte doch, dass dies hier Biber-Gebiet ist!" Mit einer großen Beule auf dem Kopf sprach der Bär kleinlaut: „Verzeihen Sie!"

(www.frankwinkler.de)

Vom Biber - Physiologus

Es gibt ein Tier, das heißt Biber, ganz sanft und friedfertig. Seine Hoden dienen als Medizin. Wenn er von den Jägern verfolgt wird und erkennt, daß man ihn fassen wird, beißt er sich die Hoden und wirft sie dem Jäger hin. Wenn er aber wieder auf einen anderen Jäger stößt und verfolgt wird, legt sich der Biber auf den Rücken und zeigt sich ihm. So erkennt der Jäger, daß er keine Hoden mehr hat, und läßt von ihm ab.

So gib auch du, Gemeindemitglied, dem Jäger zurück, was ihm gehört. Der Jäger ist der Teufel. Seine ihm gehörenden Werke sind Unzucht, Ehebruch, Mord. Derartiges schneide aus und gib es dem Teufel, und es wird dich der Jäger-Teufel loslassen, damit auch du sagst: „Unsere Seele ist entronnen wie ein Vogel dem Strick der Jäger."
Schön spricht der Physiologus über den Biber.

(aus: Physiologus. Frühchristliche Tiersymbolik. Berlin, Union Verlag, 3. Aufl., 1987: Seiten. 45-47)

Der Biber – Herr Smil von Pardubic

Vor allem andern erquikend Bad
In lauer Welle ist mein Rath.
Am Wasser im Thal bau´ deine Schlösser,
aus Steinen nicht, aus Holz ist´s besser;
Sind sie auch leicht beschädigt, zerschellt,
Sind leicht auch wieder sie hergestellt.

(aus: Der neue Rath des Herrn Smil von Pardubic, eine Thierfabel aus dem 14. Jahrhundert, Leipzig, Verlag von R. Weigel, 1855: Seite 18)

Der Biber. – Anonymus

Der Leue sprach zum Biber:
Gieb mir das Kopfgeld, Lieber,
Du bist mein Unterthan.
Nein, sprach er, ich gehöre
Als Fisch ins Reich der Meere,
Und warf sich in den Ocean.

Der Wallfisch sprach zum Biber:
Gieb mir das Kopfgeld, Lieber,
Du bist mein Unterthan.
Nein, sprach er, nur der Leue
Hat Recht auf meine Treue,
Und schwang sich schnell den Strand hinan.

Der Kayman sprach zum Biber:
Gieb mir das Kopfgeld, Lieber,
Mir zollet Land und See.
Der Biber protestierte
Und der Tyrann skalpierte
Indes ihn provisorie.

(aus: Fabeln der helvetischen Gesellschaft gewidmet. Viertes Buch. Basel bey J. Jacob Thurneysen, den Jüngern, 1783: Seite 187)

Der Biber und der Marder – Johann Heinrich Pestalozzi

„Es ist ein unangenehmes Ding um deinen Zahn, und ich sehe nicht einmal ein, daß du ihn zu deinem Fraße nötig hast", also sagte ein Marder zu einem Biber.
Dieser antwortete ihm: „Ich kann freilich meine Fische so gut ohne meinen Zahn fangen und fressen, als du deine Eier und Vögel ohne einen solchen auch zu finden und fressen kannst. Aber mein Zahn ist ein Kunstzahn, und du und deinesgleichen wissen nicht einmal, was das für eine Lust ist, einen Kunstzahn in seinem Kiefer zu haben; ich aber weiß es und will dir nur sagen: Er ist mir fast mehr wert als mein ganzes Freßgebiß, und ich kann dich versichern, das Ausüben meiner Baukunst ist mir viel lieber als das Fischessen."

(www.literaturnetz.org.)

Der Stier und der Biber - Johann Heinrich Pestalozzi

Der Stier sagte zum Biber: „So ein Leben unter Wasser, wie du eins hast, möchte ich um aller Welt nicht haben." Der Biber schwieg und antwortete nicht.

Aber der Stier fuhr fort und machte jetzt eine Lobrede seines besseren und glücklichern Lebens. „Mein Stall", sagte er, „ist beinahe so viel Wert als eine Menschenwohnung, und dann muß ich ihn nicht einmal bauen; der Bauer, der mich füttert, baut mir ihn selbst."

Der Biber antwortete ihm: „Ich weiß wohl, daß es viele Stierenställe gibt, die besser aussehen und im Winter gar viel wärmer sind als tausend armer Leute Wohnstuben, und ich kann auch gar wohl denken, es gefalle dir wohl darin, wenn dein Barren recht voll und dein Gras und dein Heu recht gut sind. Ich aber liebe meine Wohnung, die ich mir selbst baue und in der ich frei bin, und möchte um alles in der Welt nicht eine Wohnung, die mir ein anderer baute, und mich nicht wie dich darin angebunden finden, wenn er dich anjocht und zu Pflug oder Wagen anspannen will."

(www.literaturnetz.org.)

Der Wolf und der Biber – Der Stricker

Einst erblickte ein Wolf
einen Biber im Wasser;
den lauerte er auf vielfältige Weise auf.
Als er schließlich einmal aus seinem Bau kam,
schnappte ihn der Wolf.
Da sprach der Biber:
„Lieber Vetter, was ist denn los?"
Wütend antwortete der Wolf:
„Du bist verloren! Weiß Gott,
ich will dich fressen!"
Der Biber erwiderte:
„Du machst Witze!"
Der Wolf darauf: „Du wirst schon sehen!"

Da wurde der Biber blass und sprach:
„Herr Vetter, lass das bleiben
und geh mit mir fort;
ich werde dir einen Dachs schenken,
für den du mir noch

in tausend Jahren dankbar sein wirst.
Du wirst dich vierzehn Tage lang
nicht mehr rühren können,
so satt wirst du sein.
Der Dachs nützt dir mehr als ich.
Bei Gott, willst du mich recht aufrichtig
in Schutz nehmen,
dann schenke ich dir
noch einen – und dies,
so oft du möchtest,
damit du mein Schutzschild
vor deinen Gefährten bist
und sie mich am Leben lassen."

Der Wolf antwortete: „ich helfe dir.
Sag, wie kann ich diesen Dachs bekommen?"
„Er liegt unter der Erde
In seiner Höhle am Wasser –
Da hole ich ihn dir schon heraus.
Lass mich auf dich steigen und trabe dorthin,
so heiße ich ihm herauszukommen;
diese Bitte ist ein leichtes für mich.
Ich sage zu ihm:
> Schaut mir dieses Ross an.<
Wenn er sich uns daraufhin nähert,
kannst du ihn fangen."

Der Wolf erwiderte;
„Das mache ich, nun sitz
auf und reite mich!"
Da setzte sich der Biber auf ihn,
der Wolf trug ihn fort,
und sie kamen zum Haus des Dachses.
Da sprach der Biber: „Vetter, kommt hervor,
ich bitte darum, und sagt, wie Euch dieses Ross
gefällt! Ich werde es gewiss nicht kaufen,
bevor ich nicht gehört habe,
wie es Euch gefällt; ich fürchte,
sonst mache ich ein Verlustgeschäft."

Der Dachs kroch hervor und sprach:
„Wahrhaftig, Vetter, dieses Fohlen
Gefällt mir sehr gut, seine Brust ist sehr kräftig;
Ich werde dir eine Mark schenken,
damit du es besser bezahlen kannst.
Reit aber erst noch ins Wasser
Und mache es nass, damit ich es mir genau
Anschauen kann; ich möchte, dass du nicht
Hereingelegt wirst! Hat es keine Fussgalle,
dann wird es uns schon gefallen.
Danach möchte ich es noch im Galopp reiten,
ich kann es besser testen."

Dies hielt der Wolf für gut.
Er watete ins Wasser –
Das war recht tief.
Durch ein dichtes Gebüsch
Lief der Dachs neben ihm her,
um den Ritt seines lieben Vetters
genau beobachten zu können.
Immerfort sprach er:
„Reit ein bisschen tiefer hinein,
es ist noch nicht ganz nass!"
Dafür dankte ihm der Biber: er sprang ins Wasser
und schwamm hinunter auf den Grund,
vor dem Wolf gerettet.
Der Dachs rannte in seine Höhle zurück.

Dies würde auch den Menschen gut anstehen:
Wer seinem Freund hilft, wenn dieser in großer Not ist
Und ohne Freunde das Leben verlieren würde –
Wer ihm hilft, am Leben zu bleiben, der kann
Wahrhaftig sein Freund heißen.
Wer seines Freundes Rat überhört,
der war weiß Gott nicht sein Freund.

(www.fabelnundanderes.at / der Stricker.htm – Fabel aus dem 13. Jahrhundert)

Der wackre Igel – nach Friedrich Wolf

An einem Frühlingstag lag der wackre Igel Pilopex in einer Mulde und sonnte sich. Da kam der Biber Castor ganz aufgeregt zu ihm gelaufen. Schon von weitem rief er:
„Herr Nachbar, Herr Nachbar! Das Wasser im Fluss steigt! Es gibt Hochwasser! Weiter oben sind die Dämme schon gebrochen."
Der Igel hob ein wenig die Nase. Er leckte sich das Maul und sagte: „Das interessiert mich nicht."
„Kommen Sie schnell, Herr Nachbar! Retten Sie meine Kinder! Helfen Sie mir, einen Abfluss zu graben."
Der Igel überlegte. Dann sprach er langsam: „Einen Abfluss? Wozu? Ich mache mir keine Sorgen. Ich bin der wackre Igel Pilopex und habe Stacheln. Wenn es gefährlich wird, dann rolle ich mich zusammen."
„Sehen Sie nicht, Herr Nachbar, wie das Wasser steigt?" warnte der Biber noch einmal. Dann eilte er weg.
„Das interessiert mich", brummte der Igel. Er rollte sich zusammen und steckte seine Stacheln aus. Plötzlich spürte er etwas Kaltes und Nasses auf seiner Haut. Er kugelte sich noch fester zusammen, aber das half auch nichts. Es wurde immer kälter und nässer.
Jetzt wollte der Igel weglaufen – da schlug das Hochwasser über ihm zusammen, der Igel ertrank.

(www.sos-halberstadt,bildung-lsa.de)

Der gereizte Biber – Helmut Wördemann

Es war einmal ein Biber, der tat eifrig und gut gelaunt seine Arbeit. Obwohl er nur 75 cm lang und 30 cm hoch war und nicht gerade wie ein Kraftprotz aussah, legte er doch in einer einzigen Nacht zehn Bäume um; sogar 40 cm dicke Bäume zitterten vor seinen Zähnen.
Eine Morgens kam eine schlechtgelaunte Krähe schwarz drohend dahergeflogen und störte den Biber, der eben sein Nachtwerk beenden wollte.
„He, du Plattschwanz, was hast du hier zu suchen? Willst uns wohl die Landschaft zerstören. Ich kenne euch. Ihr werft die schönsten Bäume in den Fluss, um einen Damm hindurchzulegen, ihr Quertreiber. Damit ihr gemütlich wohnen könnt, bringt ihr den Wasserstand durcheinander. Was natürlich nach unten fließen will, staut ihr zurück, dass es strudelt. Auf den Protest der Wellen pfeift ihr. Deshalb will ich dir sagen, was sie vor lauter Schlucken und Gurgeln nicht formulieren können: Gemeine Wilddiebe seid ihr, wenn ihr auch keine Tiere jagt, sondern Bäume vernichtet. So jetzt weißt

du´s. Jetzt geh zu deinen Leuten und sag´ ihnen, dass ihr hier verschwinden sollt, sonst könnt ihr was erleben."

Der verduzte Biber, der noch eine halbe Birke im Maul hatte und quer vor sich her schob, schnaubte verächtlich aus den Maulwinkeln, denn er wollte sein Bauholz nicht loslassen, um seine Zeit mit einem übellaunigen, aggressiven Schwarzseher zu vertrödeln. Für sich aber dachte er: „Du Heini! Kümmere dich um deine eigenen Angelegenheiten. Wir sind so natürlich, wie du und die Bäume und der Fluss. Und wenn wir uns hier häuslich einrichten, ist das unser gutes, altes Naturrecht. Eigentlich müsstest du wissen, du Wendehals der Weisheit, dass unsere Pelze bei den Menschen so begehrt sind, dass sie uns reihenweise dahinschlachten. Stell´ dir vor, wir wohnten frei und offen an der Oberfläche, wir hätten überhaupt keine Überlebenschancen. Im übrigen lassen wir in jedem Damm einen Ablauf, so dass sich das Wasser einen Weg bahnen kann und nicht über die Ufer ausweichen muss."

Die Krähe, die nichts von diesem Gedanken-Selbstgespräch wusste, sah nur, dass der Biber unbekümmert weiter arbeitete. Erbost darüber, dass ihre Meinung nichts bewirkt hatte, flog sie zu ihrer Sippe und rief alle zu einem Protestflug auf.

„Wir müssen diese Umweltzerstörer bombardieren!" rief sie, und da ihr Wort in der Luft mehr galt als auf der Erde und da ihre Angehörigen sowieso nichts Besseres zu tun hatten, ließen sie sich gern aufwiegeln und flogen los wie ein riesiges Geschwader kleiner Flugzeuge.

Über dem Dorf der Biber ließen sie dann ihren Unrat fallen, so dass sie die ganze Gegend verpesteten.

Die Biber aber tauchten unter und reinigten sich von selbst, wenn sie im Fluss arbeiteten.

Wenn sie aber neue Bäume brauchten, watschelten sie ein Stückchen weiter als bisher, bis zur dreckigen Wohnkolonie der Krähen watschelten sie und nagten alle Bäume ab, in denen die missgünstigen Vögel ihre Nester gebaut hatten. Es waren aber noch keine Eier darin.

„Jetzt wird der Blödmann wohl merken, wie nützlich wir gerade auch für die Krähen sind", nuschelte der Biber „wenn wir nämlich unserer natürlichen Aufgabe nachgehen und nicht die Bäume der Vögel fällen."

(www.freizeitfreunde.de)

Biber Bienenfeind oder Die Kunst des Vergessens – Sikumu

Das Tal, in dem der muntere Biber lebte, war ein friedliches und schönes Tal. Durch seine Mitte schlängelte sich ein Fluss, der sich an einer Stelle durch den vom Biber gebauten Damm zu einem kleinen See aufstaute.

Eines Tages durchstreifte ein Elfenkobold zufällig das Tal. Er war beeindruckt von der Stärke des Biberdammes, aber auch von dem unermüdlichen Eifer, mit dem der Biber sein Bauwerk ständig ausbesserte. "Ich will ihm ein Geschenk machen", so sagt er zu sich, „ich gebe ihm eine geistige Kraft, so dass sein Gedächtnis sich verbessert zu einem echten Langzeitgedächtnis. Das wird seine Baukunst beflügeln und zu Meisterschaft führen. Und hier im Tal wird es für alle noch viel schöner werden."

In dieser Nacht schüttelte der Kobold reichlich Gedächtnisstaub über den Biber, der von alledem nichts merkte und friedlich schnarchte.

Zunächst änderte sich wenig im Leben des Baumeisters. Aber da er sich die Dinge nun viel besser merken konnte, wurde sein Handwerk nach und nach zu einer sich vervollkommnenden Kunst.

So wurde das Leben im Tal noch schöner, bis zu dem Sommertag, an dem sich alles ändern sollte.

Der Biber ruhte sich auf der nahen Blumenwiese von seinem Tagwerk aus. Er liebte die Blumen und die grünen Gräser und schnupperte gerne an ihnen. Da er in Gedanken noch bei einer neuen Konstruktion seines Dammes war, war er etwas unaufmerksam. Er übersah eine Biene, die in einer Blüte Platz genommen hatte. Sie stach ihn entrüstet in die Nase.

Der Biber heulte auf und Tränen schossen ihm in die Augen. Er kühlte seine wunde Nase im Fluss und behandelte sie mit Kräutern, von denen er immer einen Vorrat besaß. Die Nase schwoll ab und nach zwei Tagen war nichts mehr zu sehen. Aber die Erinnerung an den Schmerz hatte sich tief in sein Langzeitgedächtnis eingegraben.

Mit großem Misstrauen verfolgte er nun den Flug der Bienen, die unermüdlich das Tal durchstreiften auf der Suche nach Nektar. Er hatte ein großes Schild in der Nähe seines Biberdammes aufgestellt, um sie zu vertreiben.

HIER WOHNT BIBER BIENENFEIND

stand da in großen Lettern. Die vorbeifliegenden Bienen lasen es zwar, dachten sich aber nicht viel dabei und sie vergaßen es schnell wieder.

„So geht das nicht weiter" beschloss der Biber, vielleicht sollte ich Kontakt mit den Ameisen aufnehmen. Sie sind ein kriegerisches und wehrhaftes Volk. Vielleicht unterstützen sie mich und vertreiben die Bienen."

So kam es, dass der Biber häufiger den nahegelegenen Ameisenhügel besuchte. Wie zufällig ließ er immer wieder Äußerungen über die Gefährlichkeit der Bienen fallen. Aber immer, wenn er versuchte, mit ihnen gemeinsam eine Strategie gegen die Bienen zu entwickeln, fragte die eine oder andere Ameise ganz unvermutet: „Entschuldigung, wie war das noch gleich? Warum, sagtest du noch, sind die Bienen so gefährlich?"

Der Biber gab auf. „Wenn sich etwas ändern soll, so muss ich es selbst in die Hand nehmen" beschloss er. Und so entwickelte er einen zerstörerischen Plan: „Ich werde am Ausgang des Tals einen Damm errichten, der so hoch und so stark ist, dass der Fluss das ganze Tal überflutet. So schlage ich meine Feinde in die Flucht."

Mit Feuereifer machte er sich an die Arbeit. Es dauerte nicht lange und das ganze Tal stand unter Wasser. Alle Wesen, die nicht schnell genug flüchteten, ertranken jämmerlich.

Der Biber war zufrieden. Nach einer Weile begann er damit, den Damm wieder zu entfernen. „Das Tal wird sich erholen", so sagte er zu sich, „aber meine Feinde sind vertrieben."

Er sang während seiner Arbeit heiter ein kleines Lied vor sich hin. Da vernahm er mit einem Mal ein Summen hoch über seinem Kopf. Er blickte auf und sah zwei Bienen, die friedlich summend über ihn hinwegflogen. Heißer Zorn stieg in ihm auf.

„Verfluchte Bienen", brüllte er, „werde ich euch denn nie los? Was muss ich tun, damit ihr verschwindet!" und er schüttelte seine kleinen Fäuste gegen den Himmel.

Die Bienen aber flogen ungerührt weiter. „Was ist den mit diesem Biber los", sagte die eine, „wieso springt er so herum?"

„Vielleicht hat sich der Arme wehgetan", mutmaßte die andere. „Hier im Tal sieht es ja schlimm aus. Aber irgendwie kommt er mir bekannt vor."

„Du hast recht", sagte die erste „von irgendwoher kennen wir ihn. Aber ich kann mich beim besten Willen nicht erinnern, woher."

(www.community.zeit.de - Leserartikel-Blog)

Nachbarn - Jonathan

Ein Biber, den ein unruhiges Leben durch viele Lande und manchen Strom getrieben hatte, beschloß, ein letztes Mal für sich und seine Lieben ein Haus zu bauen. Doch mit den Flüssen, die dafür in Frage kamen, waren auch die Plätze weniger geworden, die für ein großes Haus geeignet schienen.

Zugleich aber hatte es der steigende Wohlstand des Landes mit sich gebracht, dass der Andrang nach solchen Plätzen ungleich größer war als früher, als nur wenige sich den Luxus großer Häuser leisten konnten. Der Biber hatte daher nicht, wie er es sich vorgestellt hatte, einen großen Teil des Flusses für sich und seinen Bau allein, sondern oberhalb und unterhalb von ihm und rechts und links davon hatten andere Biber begonnen, Dämme und Häuser zu errichten. Als der Biber seinen Bau fertiggestellt hatte, betrachtete er argwöhnisch die Tätigkeit seines Nachbarn, dessen Haus unmittelbar an das seine grenzte.

„Ihr müsst", sprach er eines Tages zu jenem, „diesen Zweig, der aus eurem Bau zu weit herausragt, kürzen. Ich könnte mich, komme ich in der Dunkelheit hier vorbeigeschwommen, an ihm verletzten. Und", sprach er lächelnd, „ihr wollt doch nicht, dass ich euch wegen einer solchen Kleinigkeit gram sein müsste."

„Nein", antwortete der Nachbar und biß den Zweig in der Mitte durch, so dass das herausstehende Ende zur Erde herabfiel und von der Strömung rasch davongetragen wurde.

Wenig später entdeckte der Biber im Dach des Hauses seines Nachbarn ein Loch, das dieser gelassen hatte, um für frische Luft im Inneren zu sorgen, vielleicht auch, um im Notfall durch diese Öffnung rasch ins Freie zu gelangen.

„Das sehe ich nicht gern", sprach jetzt der Biber. „Durch dieses Loch in eurem Dach könnt ihr mich leicht belauschen, wenn ich mit meinem Weib am Fenster sitze und trauliche Gespräche führe."

„Das will ich nicht", gab gleich der Nachbar zu verstehen, und schloß das Loch mit Reisig und mit Moos, dass nicht der kleinste Laut mehr nach außen dringe oder zu ihm herein. So ward der Friede noch einmal gerettet. Das Haus des Nachbarn wurde fertig und man zog ein.

Im Jahr darauf ward auch der Garten hergestellt. Hier weilte man, allein und auch mit Freunden, wenn das Wetter es zuließ, und abends auch, wenn die Kühle der Nacht noch nicht hierher gedrungen war.

„Das passt mir nicht", sprach bald darauf der Biber, „dass ihr mit euren Freunden da verweilt, wo ihr mich sehen könnt, wenn ich mit meinem jungen Weibe vor meinem Fenster sitze und allein sein möchte. Obwohl ich, wie ihr wisst, beileibe gar nicht ungesellig bin."

„Es liegt mir fern", gab darauf der Nachbar zu verstehen, „euch zuzusehen, wenn ihr mit eurem Weibe ungestört sein wollt. Allein, dies ist mein Haus und dies mein Garten. Und wenn ich Lust verspür hierin zu wandeln und zu weilen, mit Freunden oder auch allein, braucht euch das nicht zu stören. Es ist mein gutes Recht, so wie's das eure ist, an eurem Fenster dort zu sitzen und zu schaun."

„Ich duld es nicht!", rief darauf der Biber heftig, „und wollt ihr unsere Freundschaft nicht zerstören, tut was ich sage und von euch verlange!" Der Nachbar schweigt zunächst.

Dann sagt er: „Nein. Ich stehe hier und gehe dort, wann immer es mir passt. Von Freundschaft kann nicht mehr die Rede sein."

Als der Biber dies Worte hörte, war er so ärgerlich, dass er sich mit seiner Frau in sein Haus zurückzog und alle Fenster und Türen verschloß und mit Moos verstopfte. Von da an verließ er das Haus nur noch, um zur Arbeit zu gehen. Von seinem Nachbarn sah und hörte er nur noch selten etwas.

(www.keinverlag.de)

Märchen

Vom Ursprung des Bibers – ein Märchen der Carrier-Indianer

Ein jung verheiratetes Ehepaar verließ den Fraser-See, um in den südlichen Bergen zu jagen. Dort richteten sie in der Nähe eines kleinen Flußes ihr Lager ein. Da aber ihr Mann von morgens bis nachts vom Zelt abwesend war, begann die junge Frau sich sehr einsam zu fühlen. Um sich die Zeit zu vertreiben, baute sie einen kleinen Damm aus Erde quer durch den Fluß. Als aber ihr Mann zurückkehrte, fand er, daß dadurch das Wasser zu tief zum Hindurchwaten geworden war und zerstörte den Damm mit seinem Fuß. Da weinte die Frau und sagte: „Warum hast du mein Werk vernichtet? Ich war so allein, während du fort warst, und baute deshalb den Damm, um mir die Zeit zu vertreiben."

Am nächsten Tag, als er wieder fort war, baute sie einen neuen Damm, den er ebenfalls zerstörte. Dies wiederholte sich immer wieder, bis die Frau schließlich ärgerlich wurde.

Als der Mann eines Abends von der Jagd zurückkehrte, fand er einen sehr großen Damm vor, der den ganzen Fluß quer durchzog und in dessen Mitte ein Biberbau war. Er sah seine Frau am Ufer, doch als sie sein Kommen bemerkte, legte sie ihr Hüfttuch um und zog sich den Zipfel durch die Beine, so daß es aussah wie ein Biberschwanz. Dann ging sie ins Wasser und versteckte sich in dem Biberhaus. Der Mann zerstörte wie gewöhnlich den Damm, konnte aber seine Frau nicht finden. So ging er denn heim und legte sich allein schlafen.

Auch am nächsten Morgen ging er auf die Jagd und fand bei seiner Rückkehr die Frau, wie sie am Biberhaus arbeitete. Den Damm hatte sie wieder ausgebessert. In ihrer Erscheinung wurde sie einem Biber immer ähnlicher, und es gelang ihm nicht, sie zu fangen. Da begann er zu fürchten, daß die Familie der Frau glauben könnte, er habe sie getötet, wenn sie sich gar nicht mehr zeigen wollte, und er ging und holte alle ihre Verwandten herbei, mit denen er sich am Ufer versammelte.

Als sie alle dastanden, sahen sie einen großen Biber aus dem Biberbau hervorkommen und sich auf die Spitze des Baues stellen. Es war die Frau, deren Hüfttuch sich inzwischen gänzlich in einen großen flachen Biberschwanz verwandelt hatte. Sie rief zu ihrer Familie hinüber: „Mein Mann hat mich nicht umgebracht, aber ich habe mich in einen Biber verwandelt. Geht nach Hause. Ich will nicht mehr mit den Menschen zusammenleben."

Daher kommt es, daß der Bauch und die Eingeweide des Bibers wie die des Menschen sind und daß es nun Biber auf der Welt gibt.

(aus: J. E. Lips, Vom Ursprung der Dinge, Leipzig, 1951, Seiten 496-497, nach Jenness Diamond, 1934, Myths of the Carrier Indians of British Columbia, Journal of American Folklore, XLVII, No. 184-85, New York)

Der Biber und das Stachelschwein – ein Märchen der Tsimshian-Indianer

Der Biber lädt das Stachelschwein zum Essen ein, trägt es über das Wasser zu seinem Bau und taucht dabei boshafterweise mehrmals, so daß das Stachelschwein fast ertrinkt. Als Festschmaus werden Holzstückchen vorgesetzt, die das Stachelschwein aus Angst vor seinem hinterlistigen Gastgeber auch ißt. Bald darauf erfolgt die Gegeneinladung. Dem Biber werden Tannennadeln vorgesetzt, die er sehr mißmutig hinunterwürgt. Nun schlägt das Stachelschwein dem Biber ein gemeinsames Spiel vor: Baumklettern und Hinunterspringen. Da der Biber nicht auf einen Baum klettern kann, trägt das Stachelschwein ihn hinauf und setzt den Biber dann oben auf einen Ast. Der Biber fürchtete sich sehr, da das Stachelschwein mit seinen langen Klauen auf einem Baum sicheren Halt findet, während der Biber sich mit seiner Schwimmhand nicht festhalten kann. So umarmt denn der Biber in seiner Angst den Ast und preßt sich fest daran. Nun springt das Stachelschwein vom Baum herunter und kommt auf seinen federnden Stachel gesund unten an. Dem Biber bleibt nichts anderes übrig, als auch zu springen. Er läßt den Ast los und plumpst herunter auf die Felsen. Sein Bauch platzt. Er ist tot.

(aus: J. E. Lips, Weisheit zwischen Eis und Urwald, nach F. Boas, Tsimshian Texts, Bureau of American Ethology, Bulletin 27, Washington, 1902)

Biber und Stachelschwein

Biber und Stachelschwein waren die größten Freunde und machten alles gemeinsam. Das Stachelschwein besuchte den Biber häufig in seinem Haus, aber weil es überall seine Stacheln verlor, hatte der Biber seinen Besuch nicht gerne. Einmal kündigte das Stachelschwein seinen Besuch an, und der Biber sagte: „Schön, ich werde dich auf meinem Rücken mitnehmen." Er schwamm los, aber statt nach Hause zu schwimmen, brachte er das Stachelschwein zu einem Baumstumpf mitten im See. Dann sagte er ihm: „Hier ist mein Haus", verließ es und schwamm zum Ufer.

Während das Stachelschwein auf diesem Stumpf saß, fing es an zu singen: „Laß es frieren, laß es frieren, damit ich hinüber zum Haus des Vielfraß-Mannes kann." Es wollte über das Eis zum Ufer gehen. Die Oberfläche des Sees fror zu, und es ging zum Festland.

Nach einiger Zeit, als die beiden Freunde wieder zusammen spielten, sagte das Stachelschwein: „Komm nun, jetzt bin ich daran, dich auf meinem Rücken zu tragen." Der Biber stieg auf seinen Rücken, und das Stachelschwein brachte ihn ganz nach oben auf einen sehr hohen Baum. Dort verließ es ihn und kletterte wieder herunter. Eine ganze Weile wußte der Biber nicht, wie er wieder nach unten kommen sollte, aber endlich kletterte auch er zu Boden. Man sagt, daher komme das rauhe Aussehen der Baumrinden.

(aus: Norman Bancroft-Hunt & Werner Forman, Indianervölker-Kulturen im Zeichen des Totempfahls, Stith Thompson, Geschichten der Indianer Nordamerikas, S. 98)

Coyote und Biber tauschen ihre Frauen – Barry H. Lopez

Der Alte Coyote und die Alte Coyotefrau lebten auf der einen Seite des Hügels, und drüben auf der anderen Seite lebten der Alte Biber und die Alte Biberfrau. Abend für Abend besuchten sie einander. Eines Abends schneite es heftig, und Coyote dachte: „Ich will einmal hinübergehen und meinem Bruder Biber eine Jagdpartie vorschlagen." Er sagte zu seiner Frau: „Ich gehe mal rüber, Biber besuchen und ihm sagen, daß wir jagen gehen. Und außerdem werden wir einen Frauentausch in die Wege leiten."

Er ging hinüber zum Biber. Als er dort ankam, rief er: „Hallo!" Biber antwortete: „Hallo, komm herein und setz dich."

Sie saßen zusammen am Feuer und rauchten. Coyote sagte: „Ich wollte mal rüberkommen, um dir vorzuschlagen, daß wir jagen gehen. Wenn wir irgendwelche Kaninchen erlegen, bringen wir sie unseren Frauen. Ich bringe meine zu deiner Frau, und du bringst deine zu meiner Frau."

„Einverstanden."

„Du mußt als erster gehen."

„Nein", sagte der Biber. „Du gehst als erster. Das ist dein Vorschlag. Du hast mich aufgefordert."

„Einverstanden. Ich gehe morgen früh los."

Dann wandte sich Coyote der Alten Biberfrau zu und sagte: „Morgen werde ich für dich jagen gehen. Dann werden wir die Nacht zusammen verbringen."

Der Alten Biberfrau gefiel das. „Ich werde dir das Lied singen, das dir recht viele Kaninchen erlegen hilft", sagte sie.

Am nächsten Tag richtete Alte Biberfrau alles zum Abendessen her und sang das Jagdlied. Sie wollte alles für Coyote bereit haben, wenn er zurückkehrte. Es wurde spät, und Coyote war noch nicht da. Alte Biberfrau wartete und wartete. Sie saß in der Nähe der Feuerstelle und sang:
> Alter Coyote, Alter Coyote, komm schlaf mit mir,
> Komm, wir wollen einander lieben,
> Ai-uu-ai-uu *(sie heulte wie ein Coyote).*

Alter Biber sagte zu ihr: „Weshalb singst du? Er wird gar nichts erlegen. Er ist kein Jäger." Biberfrau wartete und wartete. Coyote erlegte nichts. Er kam nicht.
Am nächsten Tag war Biber mit dem Jagen an der Reihe. Er ging zur Alten Coyotenfrau, um ihr zu sagen, sie solle ihn erwartem, er würde für sie Kaninchen jagen gehen und dann würden sie die Nacht zusammen verbringen. „Einverstanden", sagte sie. „Ich werde dich erwarten."
Alter Biber zog los und erlegte so viele Kaninchen, daß er sie kaum alle tragen konnte. Gegen Abend kehrte er zu Coyotes Haus zurück, ging hinein und sagte: „Alte Coyotefrau, hier sind die Kaninchen!"
Sie nahm sie und sagte: „Danke, vielen Dank, Alter Biber."
Sie ging schnurstracks ins Hinterzimmer, und Alter Coyote blieb allein im Vorderzimmer sitzen. Später aßen sie alle miteinander zu Abend. Coyote war sauer. Als er mit Essen fertig war, ging er zu Bett.
In jener Nacht schlief Alter Biber im Nebenraum mit Coyotefrau, und sie kreischte laut. „Alter Biber!" brüllte Coyote. „Tu meiner Frau nicht weh!"
Alte Coyotefrau antwortete: „Halt den Mund, Alter Coyote! Ich schreie so, weil es mir Spaß macht."
Als sie sich zur Genüge geliebt hatten, kam Alter Biber zu Coyotes Schlafstelle herüber. „Wir wollen Freunde sein", sagte er. „Es soll keinen Groll zwischen uns geben. Dies war dein Vorschlag. Ich werde immer für dich zu Hause sein, wenn du zu Besuch kommen willst."
Alter Biber ging heim. Sie waren gute Nachbarn, und sie blieben es.

(aus: Barry H. Lopez, Hört die Geschichte vom listigen Coyote, Bern-München-Wien, Scherz Verlag, 1982)

Die Frösche und der Mondmann – ein Märchen der Inland-Salish Indianer

Einst lebten in einem Sumpfe drei Schwestern, die alle Frösche waren. Sie hielten sich für besser als andere Leute und taten ganz so, als ob der Sumpf ihnen allein zustünde. Doch waren sie beileibe nicht die einzigen Bewohner dieser Gegend, denn nicht weit von jenem Sumpfe standen die Hütten von zahlreichen anderen Tieren. Da hausten solch geachtete Leute wie Schlange und Biber, unzertrennliche Freunde beide, die als gute Jäger und erfolgreiche Krieger weitum bekannt waren. Manches Mädchen wäre froh gewesen, wenn einer von ihnen sich um sie bemüht hätte. Die drei Froschmädchen jedoch wollten von den beiden nichts wissen, sondern flohen, wenn sie ih-nen zu nahe kamen. Dann sprangen sie ins Wasser und lachten laut und schallend aus ihrem Versteck über die verdutzten Freier.

Eines nachts schlich sich die Schlange zum Hause der drei Schwestern, trat ein und legte seine Hand einem der Mädchen aufs Gesicht. Sogleich erwachte die Froschfrau und fragte, wer sie da besuchen komme. Als sie jedoch erfuhr, daß es die Schlange war, begann sie zu schimpfen, weigerte sich ihm anzugehören, und belegte ihn mit allerlei groben Namen, wie „Kleinauge", „Schleimjunge" und „Wackelbauch", worauf der Schlangenmann wütend verschwand.

In der nächsten Nacht machte sich sein Freund, der Biber, auf den Weg zur Hütte der Schwestern. Auch er legt seine Hand einem der Mädchen aufs Gesicht. Als die Froschfrau merkte, wer der nächtliche Besucher war, wurde sie böse und nannte ihn „Krummbein" und „Flachschwanz". Als der Biber nicht sogleich verschwand, rief sie „Dickbauch" und „Fettschinken" hinter ihm her, was den abgewiesenen Freier sehr erbitterte, denn er wußte wohl, daß es mit seinem Aussehen nicht weit her war.

Daheim angekommen, setzte sich der Biber still in eine Ecke und begann zu weinen. Als ihn der Vater fragte, was ihn denn so betrübe, erzählte der Sohn sein nächtliches Erlebnis. Der Vater versuchte den Sohn zu trösten und sprach: „Hör auf zu weinen, sonst regnet es zu sehr." Aber der junge Biber weinte immer weiter.

Langsam steig das Wasser im Sumpfe. Bald schwamm die Hütte der Froschmädchen in den Fluten, und selbst die höchsten Binsen hatten Mühe, ihre Köpfe über Wasser zu halten. Den drei Fröschen wurde kalt, und sie zitterten. Da begaben sie sich zum Haus des Bibers. Dem Vater des jungen Bibers erklärten sie, daß sie gekommen seien, um seinen Sohn zu heiraten. Doch der alte Mann Biber war erzürnt über die Namen, die die drei seinem Sohne gegeben hatten, und schickte die Froschmädchen fort.

Immer noch saß der junge Biber und weinte, und noch immer stieg das Wasser. Die drei Froschmädchen aber schwammen mit der reißenden Strömung, bis sie an einen Wirbel kamen, der sie verschlang. Auf diese Weise kamen sie zum Hause des Mondmannes, der unter der Erde wohnt, wie jedermann weiß.

Freundlich lud der Mondmann die drei ein, sich in seiner Hütte aufzuwärmen. „Setzt euch nur ans Feuer", sprach er, „denn ihr seht recht mitgenommen aus." Doch die Mädchen wollten unter keinen Umständen beim Feuer sitzen. Da fragte der Mondmann sie, wo sie am liebsten sitzen wollten. Als er keine Antwort erhielt, zeigte er nacheinander auf alle möglichen Gegenstände in der Hütte und fragte bei jedem: „Wollt ihr vielleicht hier sitzen?" Doch die Mädchen schwiegen beharrlich. Auch als er auf seine eigenen Füße zeigt erhielt er keine Antwort. Erst als er auf seine Augenbrauen deutete und wiederum fragte: „Wollt ihr vielleicht hier sitzen?" riefen die drei Schwestern: „Ja! Dort wollen wir sitzen, dort ist es hoch genug!" und sprangen ihm ins Gesicht. Seitdem ist der Mondmann ein häßlicher Geselle; und wenn man genau hinsieht, kann man heute noch die drei Schwestern in seinem Gesicht erkennen.

(aus: Gustav A. Konitzky, ed., Märchen der nordamerikanischen Indianer, Diederichs Märchen der Weltliteratur, Reinbeck bei Hamburg, Rowohlt, Seiten 196-198)

Ictinike macht Besuche – Legende der Sioux-Indianer

Irgendwann heiratete Ictinike und wohnte in seiner eigenen Hütte. Eines Tages erklärte er seiner Frau, daß er beabsichtige, ihren Großvater, den Biber, zu besuchen. Als er dort ankam, sah er, daß der Großvater seiner Frau und dessen Familie schon seit langer Zeit keine Nahrung mehr hatten und sie bald verhungern müßten. Die Gastgeber schämten sich, weil sie für ihren Gast nichts zu essen hatten. Deshalb bot einer der jungen Biber an, sich für eine Mahlzeit zu opfern. Er wurde gekocht und dem Besucher vorgesetzt. Bevor Ictinike jedoch von der Speise probierte, bat ihn der Biber eindringlich, seinem Sohn keine Knochen zu brechen. Aber Ictinike zerbrach unbeabsichtigt einen der Zehenknochen. Nach der Mahlzeit legte er sich zum Schlafen nieder, der Biber aber sammelte die Knochen ein und legte sie in ein Fell. Dieses tauchte er in den Fluß, der an seiner Hütte vorbeifloß, und im nächsten Augenblick tauchte der junge Biber wieder lebendig aus dem Wasser.
„Wie geht es dir, mein Sohn?" fragte der Biber. „Ach Vater!" antwortete der junge Biber, „einer meiner Zehen ist gebrochen."
Seit dieser Zeit hat jeder Biber einen Zeh – und zwar der neben dem kleinen -, der aussieht, als ob er durch einen Biß gesplittert sei.
Kurz darauf nahm Ictinike von den Bibern Abschied und ließ absichtlich seinen Tabaksbeutel zurück. Der Biber schickte einen von seinen Jungen mit dem Tabaksbeutel hinter Ictinike her. Da er aber Ictinikes hinterhältigen Charakter kannte, gab er seinem Sprößling den Rat, dem Gott nicht zu nahe zu kommen, sondern ihm den Tabaksbeutel aus einer gewissen Distanz zuzuwerfen. Der junge Biber nahm den Beutel und eilte Ictinike nach. Den

Anweisungen seines Vaters gehorchend, wollte er gerade Ictinike den Beutel von weitem zuwerfen, da rief dieser jedoch: „Komm näher, komm näher!"
Der junge Biber gehorchte, und als Ictinike ihm den Beutel abnahm, sagte er zu ihm: „Sag deinem Vater, er soll mich besuchen."
Als der junge Biber nach Hause kam, erzählte er seinem Vater, was passiert war.
Der Biber wurde darüber sehr zornig. „ich wußte, daß er das sagen würde", brummte er, „und deshalb wollte ich auch nicht, daß du zu nahe an ihn herangehst."
Der Biber konnte die Einladung nicht ablehnen und erwiderte den Besuch. Um seinen Gast zu schmeicheln, wollte Ictinike eines seiner eigenen Kinder töten und es dem Biber zum Essen vorsetzen. Er schlug das Kind so sehr, daß es schrie. Damit wollte er sich so in Rage versetzen, daß ihm das Töten seines Kindes leichter fiele. Da fuhr ihn der Biber an und sagte, daß dieses Opfer unnötig sei. Er ging zum nahegelegenen Fluß, fand dort im Wasser einen jungen Biber, brachte ihn zur Hütte, wo er getötet, gekocht und gegessen wurde.
Ein anderes Mal erklärte Ictinike seiner Frau, daß er ihren Großvater, die Bisamratte, besuchen wolle. Auch in der Hütte der Bisamratte herrschte wie bei den Bibern Hungersnot. Aber die Bisamratte hieß seine Frau, Wasser zu holen, es in einen Kessel zu schütten und diesen übers Feuer zu hängen. Als das Wasser kochte, stürzte die Bisamratte den Kessel um, und zum Vorschein kam eine Menge wilder Reis, über den sich Ictinike hermachte. So wie vorher ließ er auch seinen Tabaksbeutel liegen, und die Bisamratte schickte eines ihrer Kinder hinter Ictinike her. Er lud die Bisamratte zu einem Besuch ein, und diese folgte, wie es sich gehörte, seiner Einladung. Ictinike wollte seine Zauberkünste vorführen und befahl seiner Frau, einen Kessel mit Wasser über das Feuer zu hängen. Aber als das Wasser kochte und er den Kessel umstürzte, floß zu seinem Ärger Wasser statt Reis heraus. Daraufhin ließ die Bisamratte den Kessel aufs Neue füllen und zauberte eine Fülle von Reis hervor, was Ictinike noch mehr erzürnte.
Ein anderes Mal besuchte Ictinike den Großvater seiner Frau, den Eisvogel. Um seinen Gast etwas zu essen vorzusetzen, tauchte der Vogel in den Fluß und fing einen Fisch. Auch dem Eisvogel schickte Ictinike eine Einladung, welche dieser höflicherweise annahm. Da der Gott seinem Gastgeber ebenbürtig sein wollte, tauchte er in den Fluß, um einen Fisch zu fangen. Er geriet jedoch in Schwierigkeiten, und wenn der Eisvogel nicht gewesen wäre, wäre Ictinike mit Sicherheit ertrunken.
Zuletzt besuchte Ictinike den Großvater seiner Frau, Fliegendes Eichhörnchen. Das Eichhörnchen kletterte auf das Dach seiner Hütte und holte eine Menge ausgezeichneter schwarzer Walnüsse herunter, die Ictinike alle

aufaß. Als er sich vom Eichhörnchen verabschiedete, ließ er vorsätzlich einen seiner Handschuhe liegen. Ein kleines Eichhörnchen brachte ihn hinterher, und Ictinike schickte Fliegendes Eichhörnchen eine Einladung, ihm einen Gegenbesuch abzustatten. Um sein Können zu beweisen, kletterte Ictinike auf das Dach seiner Hütte. Aber anstatt dort oben schwarze Walnüsse zu finden, fiel er herunter und verletzte sich schwer. Auf diese Weise wurde seine Kühnheit zum vierten Male bestraft.

(aus: Lewis Spencer, Mythen der Indianer, Augsburg, Bechtermünz Verlag-Weltbildverlag, 1998, Seiten 85-87)

Die Legende von der Bibermedizin – Legende der Algonkin-Indianer

Einst lebten einmal zwei Brüder. Der ältere hieß Nopatis und war mit einer bösen Frau verheiratet, die den jüngeren Bruder Akaiyan haßte. Täglich plagte sie ihren Mann, daß sie Akaiyan loswerden wolle. Dieser aber wollte sich nicht von seinem Bruder trennen, denn sie hatten viele Jahre der Not und Entbehrung miteinander durchgestanden und bedeuteten sich sehr viel. Deshalb griff die Frau des Nopatis zu einer List. Als ihr Mann eines Tages von der Jagd zurückkehrte, fand er sie jammernd und verstört mit zerrissenen Kleidern. Sie erzählte ihm, daß Akaiyan sie mißhandelt hätte. Nopatis glaubte diese Lüge. Bald empfand er nur noch Haß gegen seinen Bruder und überlegte sich, wie er ihn loswerden könne.
Der Sommer kam und somit die Zeit der Mauser, wenn die Wasservögel ihre Federn abstreifen, mit denen dann die Indianer ihre Pfeile schmücken. Nahe bei Nopatis Hüte lag ein großer See, an dem sich eine Menge dieser Vögel aufhielt. Zu diesem Ort gingen die beiden Brüder zum Federsammeln, um sich damit ihre Wurfpfeile zu schmücken. Mit einem Floß fuhren sie zu der kleinen Insel in der Mitte des Sees und suchten dort nach geeigneten Federn. Sie machten sich getrennt auf die Suche, und nach einer Weile sah Akaiyan, daß sein Bruder mit dem Floß ans Festland zurückfuhr. Er schrie laut, daß er zurückkommen solle, aber Nopatis erwiderte, daß er es verdiene, dort zu Grunde zu gehen, weil er seine Schwägerin so mißhandelt hätte. Akaiyan schwor feierlich, daß er sie nicht angerührt habe, doch Nopatis verspottete ihn nur und ruderte davon. Bald war er außer Sichtweite, und Akaiyan setzte sich nieder und weinte bitterlich. Andächtig betete er zu den Naturgeistern und zur Sonne und zum Mond, und danach fühlte er sich gestärkt. Dann errichtete er sich behelfsmäßig einen Schutz aus Zweigen und bereitete sich ein bequemes Bett aus Federn. Er ernährte sich von den Enten und Gänsen, die auf der Insel lebten und machte sich aus ihrer Haut ein Gewand für die kalte Winterszeit. Er achtete auch darauf, daß er noch eine Menge zahmer

Vögel als Nahrung für den Winter übrig behielt. Eines Tages stieß er auf den Bau eines Bibers, und während er ihn noch betrachtete, näherte sich eins der kleinen Tiere. „Mein Vater möchte, daß du in seine Hütte kommst", sagte der Biber. Akaiyan nahm die Einladung an und betrat die Hütte, wo ihn Großer Biber zusammen mit seiner Frau und seiner Familie empfing. Er war der Häuptling der Biber und schon viele Winter alt und so weiß wie Schnee. Akaiyan erzählte ihm, wie schlecht man ihn behandelt hatte, und der weise Biber hatte Mitleid mit ihm. Er bot ihm an, den Winter in seiner Hütte zu verbringen und er sagte, er könne viele wunderbare und nützliche Dinge bei ihm lernen. Dankbar nahm Akaiyan die Einladung an, und als die Biber ihre Hütte vor dem Winter verschlossen, blieb der Indianer bei ihnen. Sie hielten ihn warm, indem sie seinen Körper mit ihren dicken, weichen Schwänzen zudeckten, unterrichteten ihn in der Heilkunst, lehrten ihn den Gebrauch des Tabaks und verschiedene Tanzzeremonien, Gesänge und Gebete, die ein Teil des gut gehüteten Geheimnisses der Heilkunst waren.

Als der Sommer kam und Akaiyan sich verabschiedete, durfte er sich ein Geschenk aussuchen. Er erwählte sich das jüngste Kind des Bibers, mit dem er enge Freundschaft geschlossen hatte. Aber der Vater hatte den Kleinen sehr lieb und wollte ihn zuerst nicht gehen lassen. Schließlich jedoch gab er den Bitten Akaiyans nach und erlaubte ihm, Klein-Biber mitzunehmen. Auch riet er ihm, ein Heiliges Bündel herzustellen, sobald er in sein Heimatdorf zurückgekehrt sei (*Heilige Bündel oder Medizinbündel waren bei den Indianern Objekte, die den Trägern Glück, Erfolg und langes Leben oder – bei Stammesbündeln – dem ganzen Stamm Erfolg sichern sollten. Heilige Bündel enthielten Teile von Tieren, z. B. Klauen, Krallen, Zähne, aber auch Tabakspfeifen, seltsam geformte Steine u.a. Sie wurden nur bei Abhaltung bestimmter Riten geöffnet und waren für den einzelnen wie für den Stamm lebenswichtig*).

Nach geraumer Zeit kam Nopatis mit seinem Floß auf die Insel. Er wollte sich vergewissern, daß sein Bruder nicht mehr lebte und suchte nach seinen Überresten. Aber während er suchte, nahm Akaiyan den kleinen Biber auf seinen Arm, stieg auf das Floß und ruderte zum Festland zu. Zu spät bemerkte es Nopatis. Als Akaiyan sein Heimatdorf erreichte, erzählte er alles dem Häuptling, stellte ein Biber-Bündel zusammen und führte sein Volk in die Geheimnisse der Medizin ein mit all den dazugehörigen Liedern und Tänzen. Dann forderte er die Häuptlinge der Tiere dazu auf, ihre Kenntnisse zur Biber-Medizin beizusteuern, was viele von ihnen taten.

Nachdem Akaiyan seine Unterweisungen beendet hatte, was den ganzen Winter hindurch gedauert hatte, kehrte er mit dem kleinen Biber, der ihm dabei geholfen hatte, den Indianern die Medizintänze und -lieder beizubringen, noch einmal auf die Insel zurück. Er übergab Klein-Biber wieder seinen Eltern. Dafür bekam er eine heilige Pfeife geschenkt und wurde in die dazugehörigen Begleitgesänge und -tänze eingeführt. Auf der Insel fand er die Knochen seines leichtgläubigen Bruders, den jenes Schicksal ereilt hatte, das er eigentlich dem unschuldigen Akaiyan zugedacht hatte. Jeden Frühling besuchte Akaiyan die Biber, und jedesmal erhielt er etwas, was er dem Medizinbündel hinzufügen konnte, bis dieses seine gegenwärtige Grösse erreicht hatte. Er heiratete und gründete eine Rasse von Medizinmännern, die die Tradition und Zeremonien der Biber-Medizin bis zum heutigen Tag bewahrt haben.

(aus: Lewis Spencer, Mythen der Indianer, Augsburg, Bechtermünz Verlag/Weltbild Verlag: Seiten 35-38)

Der Biber und das Stachelschwein – Eine Geschichte der Haida-Indianer

Die Feindschaft zwischen diesen beiden uralten Bewohnern der Küste des Großen Wassers ist nicht zufällig entstanden. Anfangs waren die zwei sogar gute Freunde. Das Stachelschwein wohnte in einer einsamen Felsenhöhle und machte, wenn es auf Reisen ging, dem Biber jedesmal einen Besuch, um ein wenig der Unterhaltung zu pflegen. Sie redeten von diesem und jenem, bekrittelten alles Neumodische und veranstalteten von Zeit zu Zeit sogar eine kleine Feier mit Festmahl und Geschenken.

Und ausgerechnet während eines solchen gemütlichen Beisammenseins in dem Bau des Bibers gab irgendein teuflischer Geist dem Gastgeber einen sehr arglistigen Gedanken ein.

„Komm", sagte der Biber, „wir wollen spielen!"

Das Stachelschwein hatte anfangs keine rechte Lust, denn mit vollem Bauch soll man ruhen und nicht spielen, aber dann war es schließlich doch einverstanden.

„Meinetwegen. Aber wo? Viel Platz hast du ja hier gerade nicht."

„Im Wasser natürlich. Wir können tauchen."

Dem Stachelschwein lief es eiskalt über den Rücken.

„Das geht nicht, ich kann doch nicht schwimmen."

„Das tut nichts, du setzt dich auf mich." Der Biber hielt dem Stachelschwein seinen breiten Rücken hin. Das kroch hinauf, sehr widerwillig zwar, aber es wollte seinen Gastgeber nicht beleidigen.

Kaum spürte der Biber den Freund auf seinem Rücken, sprang er ins Wasser. Er tauchte und schwamm an die Stelle, wo es am tiefsten war.

„Schau, was für schöne Fallen ich mir aufgestellt habe", sagte er stolz. Aber das Stachelschwein hatte schon eine Menge Wasser geschluckt und bat alle guten Geister, sie möchten sich erbarmen und es nicht so elend zugrunde gehen lassen. Sein Bauch, von dem geschluckten Wasser aufgeschwemmt, war schon so groß wie eine Melone.

Der Biber lachte schadenfroh, tauchte erst nach einer langen Weile wieder auf, als das Stachelschwein schon mit dem Leben abgeschlossen hatte, schwamm ans Ufer und ließ das halbtote Stacheltier ins Gras gleiten. „Ich dachte, daß so ein bißchen Wasser nicht schaden kann", spottete der Biber noch, aber dann zog er es doch vor, sich in einen Tümpel zurückzuziehen, um nicht ein paar Stacheln in den Pelz zu kriegen. Während das Stachelschwein noch krächzte und Wasser spie, sann es schon auf Rache.

Erst gegen Abend kam es heimgehinkt. Aber schon als kaum der nächste Morgen dämmerte, war es wieder frisch und munter. Es schnüffelte den Bach entlang und zerstörte dem Biber einen Damm nach dem anderen. Wenn es daran dachte, was für ein Gesicht der Biber zu diesen Bescherungen machen würde, mußte es sich den Bauch halten vor Lachen.

Bald zeigte sich der bärtige Kopf. „Wie kannst du dich erdreisten ... ." Dem Biber schnappte vor Wut die Stimme über, als er die schreckliche Verwüstung sah.

Das Stachelschwein tat verwundert. „Ich dachte, das würde dir Spaß machen. Schau! Jetzt!" Es wälzte einen so großen Steinblock vom Ufer hinunter, daß der Damm brach und seine Trümmer in den Strom stürzten. Die Wut verschlug dem Biber den Atem. Er mußte nach Luft schnappen. „Das wirst du mir büßen!" fauchte er und verschwand unter Wasser. Er wußte, daß er gegen das Stachelschwein allein nicht aufkommen würde. Daher schwamm er zu seinen Brüdern und Schwestern und Großmütter, ja sogar seinen Urgroßvater suchte er auf, bis das ganze Bibervolk von der Beleidigung wußte, die ihrem Stammesbruder von dem Stachelschwein zugefügt worden war. Und weil die Biber einander niemals im Stich lassen, besannen sie sich auch diesmal nicht lange und zogen in den Krieg.

Das Stachelschwein ahnte, daß ihm seine Missetat nicht so ohne weiteres durchgehen würde, aber es vertraute seinen Stacheln. Die boten ihm den besten Schutz gegen jeden Angriff. Und so sprang es in aller Ruhe von Baum zu Baum, überall seine Spur hinterlassend, daß selbst eine Eule bei Tag darüber gestolpert wäre.

So war es den Bibern ein Leichtes, es zu finden, und noch ehe es wußte, wie ihm geschah, war es auch schon umzingelt. Von ihrem Kampfgeschrei erbebte der Urwald. Das eingeschlossene Tier richtete seine Stacheln auf, aber damit hatte der Feind gerechnet. Die Biberkrieger warfen, um nicht gestochen zu werden, ein paar Decken über den Widersacher, sicherten die Zipfel mit Indianerknoten, damit er nicht entkommen konnte, und marschierten an das Große Wasser. „Was sollen wir mit ihm machen?" fragten die Krieger ihren Häuptling.

„Wir bringen den Kerl auf eine wüste Insel von der er nie mehr wiederkommen und uns beleidigen kann. Howgh!"

Gesagt, getan. Das Stachelschwein mochte sich wehren soviel es wollte, es dauerte nicht allzu lange, und es fand sich auf einer öden Insel wieder, fern von der Küste des Indianerlandes.

Nichts Lebendiges war hier zu sehen, aber es verzweifelte trotzdem nicht. Nachdem es sich von seinem Schrecken erholt hatte, raffte es sich grunzend und schnaufend auf, um einen Erkundungsgang zu machen. Aber dieser Ausflug nahm ihm den Mut. Kein Baum, kein Strauch. Nichts. Ich muß zurück, dachte es, denn hier würde ich Hungers sterben.

Die ganze Nacht und den ganzen folgenden Tag grübelte das Stachelschwein über sein Mißgeschick nach. Und worauf gewiß kein anderer gekommen wäre, ihm fiel es ein: Es wird den Nordwind zu Hilfe rufen! Denn der ist unumschränkter Gebieter über den Meeresspiegel.

Das Stacheltier wußte zwar, daß der Nordwind manchmal mehr Schaden anrichtete als er Nutzen bringt, aber trotzdem drehte es sich in die Richtung gegen Mitternacht und preßte die bekannte Zauberformel durch die Lippen. Eine solche Kälte hatte es noch niemals erlebt.

Dann hob sich der Nebel allmählich, und unser Gefangener sah, was er sich mit aller Kraft gewünscht hatte: Der Spiegel des Großen Wassers war vereist. Vorsichtig versuchte er, ob das Eis auch tragen würde, und machte sich dann gleich auf den Rückweg ins Indianerland. Oft und oft fiel er in eisbedeckte Schneewehen, und als er endlich das Ufer erreichte, war es höchste Zeit, denn der gefrorene Wasserspiegel begann rasch zu tauen.

Der Biber hatte das Stachelschwein inzwischen ganz vergessen. Aber als es in sein Loch kletterte, sah es, daß seine Behausung vollständig verwüstet war. Sogar sein Lager, auf dem es sich jetzt so gern ausgeruht hätte, war weggefegt.

„Das kann ich mir nicht gefallen lassen", sagte das Stachelschwein und sammelte eine riesige Stacheltierarmee. Sogar ein paar Igel warb es an. Aber auch die Biber waren keine Schlafmützen. Ihre Späher hatten dem Häuptling gemeldet, was sich vorbereitete, und so standen beim ersten Hahnenschrei beide Armeen einander kampfbereit gegenüber.

Nur ein Bach trennte sie.

Die Biber stürzten sich, Schlachtrufe ausstoßend, ins Wasser und versuchten das andere Ufer zu erstürmen. Die Stachelschweine, obzwar zahlenmäßig unterlegen, konnten den Ansturm durch einen Großangriff ihrer Stacheln mit Leichtigkeit abwehren. Sie schlugen die Biber zweimal in die Flucht, und es gelang ihnen sogar, einen Gefangenen zu machen – den feindlichen Häuptling.

Die Biber hatten nicht nur ihren Häuptling verloren, sondern auch die Lust am Weiterkämpfen. Sie zogen sich in ihre Wigwams zurück, und die Schlacht war zu Ende.

Es bleibt nur noch zu berichten, was mit dem Gefangenen geschah. Die Stacheltiere steckten ihre Köpfe zusammen. „Töten dürfen wir ihn nicht", erklärte der Stachelschweinhäuptling, „der Zorn Manitous würde uns treffen!"

„Setzen wir ihn auf einen Baum!" riet der Urgroßvater Stachelschwein. „Ja, ja, auf einen Baum, das ist ein Einfall!" Alle lachten und schleppten den gefesselten Biber zu einer hohen Tanne. Als er auf dem Wipfel saß, lösten sie ihm die Fesseln und kletterten grölend hinunter.

Der Biber bekam auf seinem hohen Sitz schreckliche Angst. Es schwindelte ihm, und bei jedem Windstoß glaubte er hinunterzustürzen. Für die Stacheltiere aber war das ein Spaß zum Totlachen. Sie tanzten und johlten unter der Tanne den ganzen Tag. Erst gegen Abend zogen sie ab.

Der Wind hatte ein wenig nachgelassen, und als der Biber, der gar nicht dumm war, sah, daß die Äste nicht mehr schaukelten, sann er darüber nach, wie er sich retten könnte. Hinunter klettere ich nicht, dachte er, da könnte ich ja fallen. Aber wozu habe ich den meine scharfen Zähne? Er freute sich über seinen Einfall und begann behutsam, den Wipfel der Tanne anzunagen. Und er nagte und nagte, wie wenn Indianer mit ihrem Tomahawk Bäume fällen. Stück um Stück. Die ganze Nacht. Bevor der Tag graute, war von der Tanne nur noch ein niedriger Stumpf übriggeblieben und der Biber sprang seelenruhig hinunter, warf noch einen wohlgefälligen Blick auf seine Arbeit und lief dann schnell zum Wasser, um nicht ein zweitenmal erwischt zu werden. Und außerdem hatte er auch von der Anstrengung einen Mordsdurst bekommen.

Seit jener Begegnung sind der Biber und das Stachelschwein einander spinnefeind. Und wenn ihr zufällig einen angenagten Baumstumpf sehen solltet, dann hat das Stachelschwein gewiß wieder einen Biber gefangen, und der hat solange genagt, bis sein Baum so niedrig war, daß er bequem hinunterspringen konnte.

Coyote und der Biber

Coyote ging durchs Land. Er fand einen Biber, der am Flussufer unter einem Baum schlief. Coyote hob ihn auf, ohne dass der Biber erwachte, und trug ihn weit weg vom Fluss. Dann schüttelte er ihn und sagte: „Also, alter

Mann, wach auf. Ich wusste gar nicht, dass du in solchen trockenem Land lebst."

Der Biber blickte sich verschlafen um, aber da war nirgendwo ein Fluss zu sehen. „Alter Mann, würdest du mich zum Fluss bringen", bat er Coyote.

„Nein", sagte Coyote, „das werde ich nicht tun. Mein Rücken schmerzt so sehr, dass ich keinen Biber tragen kann." Das war es, was er sagte, und er ging davon.

Der Biber fing an sich abzurollen, und er rollte und rollte, bis er in einen Fluss fiel. Von da an wartete der Biber nur darauf, Coyote diese Schmach heimzuzahlen, und er suchte überall nach ihm.

Endlich fand er Coyote schlafend am Flussufer. Biber hob ihn auf und schwamm mit ihm in den Fluss hin zu einer Insel. Dort legte er Coyote hin und weckte ihn auf. „Heh, alter Mann, seit wann lebst du auf einer Insel?"

Coyote sprang auf und sah nur Wasser um sich herum. Er konnte aber nicht schwimmen.

„Alter Mann", sagte er, „würdest du mich bitte zum Ufer tragen?"

„Nein, das werde ich nicht tun", sagte der Biber, „mein Rücken schmerzt. Ich kann keinen Coyoten tragen."

Der Biber ließ sich ins Wasser gleiten und tauchte unter. Da stand der Coyote auf der Insel und wagte es nicht, ins Wasser zu springen. Schließlich tat er es trotzdem. Er trieb lange im Wasser und als er endlich ans Ufer geschwemmt wurde, war er fast tot.

(www.hekaya.de)

Wie die Welt entstand – Mythe der Cherokee-Indianer

Zu Zeiten, als es nur Wasser gab, lebten die Tiere oben in Galun´lati, hinter dem Himmelsgewölbe. Dort herrschte ein enormes Gedränge, und so sehnten sie sich nach mehr Raum. Sie fragten sich, was unter dem Wasser sei, und schließlich bot Dayuni`si „Biberenkel", der kleine Wasserkäfer an, hinunterzugehen und zu sehen, ob er etwas herausfinden könne. Er flitzte in alle Himmelsrichtungen über die Wasseroberfläche, aber es gab keinen festen Ruheplatz. Schließlich tauchte er auf den Grund und kam mit wenig weichem Schlamm wieder nach oben. Der Schlamm wuchs und breitete sich nach allen Seiten aus, bis er zu der Insel wurde, die wir Erde nennen.

(aus: James Mooney, ed., Mythen der Cherokee. Der Aufstand der vierfüßigen Völker und die Eulenspiegeleien von Tricksterhase. Berlin, Verlag Clemens Zerling, Reihe Documenta ethnograpica, Bd. 4, 1992, Seite 7)

Die vierfüßigen Tiere – Mythe der Cherokee-Indianer

Der Biber (Da yi) wird wegen seiner wohlbekannten Nagefähigkeit, gegen die das härteste Holz nicht geschützt ist, angerufen für Kinder, die gerade ihre zweiten Zähne bekommen.
Entsprechend dem kleinen Gebet, das jeder Mutter des Volkes so vertraut ist, rennt das Kind, wenn ein Milchzahn gezogen wurde oder von selbst ausfiel damit um das Haus und wiederholt viermal: „Da yi, skinta!" (*Biber, stecke einen neuen Zahn in meinen Kiefer!*).
Danach wirft es den Zahn auf das Dach des Hauses.

(aus: James Mooney, ed., Mythen der Cherokee. Der Aufstand der vierfüßigen Völker und die Eulenspiegeleien von Tricksterhase. Berlin, Verlag Clemens Zerling, Reihe Documenta ethnographica, Bd. 4, 1992, Seite 49)

Der Schneckenmann – Märchen der Osage-Indianer

An den Ufern des großen Flusses, den die Indianer den Missouri nennen, lebte einmal eine Schnecke. Niemand weiß, wie viel Zeit seitdem vergangen ist, aber es ist sehr, sehr lange her. Eines Tages begann der Fluss über seine Ufer zu treten und alles umliegende Land zu überschwemmen. Die Schnecke klammerte sich an ein Stück Treibholz, und eine Welle trug beide davon.
Tagelang schwamm das Holzstück den Fluss hinunter, aber schließlich verlief sich die Flut, und die Schnecke fand sich mit einem Male auf dem Trockenen, mitten zwischen Schlamm und Unrat. Bald darauf kam die Sonne hinter den Wolken hervor, der Schlamm begann zu trocknen, und ehe die Schnecke sich versah, saß sie so fest im Schlamm, dass sie sich nicht rühren konnte. Es wurde schrecklich warm, und die Schnecke dachte, dass sie nun sterben müsste. Plötzlich jedoch kam eine Veränderung über sie; das Schneckenhaus zerbrach, und die kleine Schnecke begann unheimlich zu wachsen. Schließlich stand dort im Schlamm ein seltsames Wesen, wie es die Erde vordem noch nicht gesehen hatte. Es stand auf zwei Beinen, hatte zwei Arme mit Händen und Fingern, und außer ein paar Haaren auf dem Kopf war es völlig nackt. Es tat ein paar Schritte, aber es konnte sich nicht zurechtfinden.
Eine ganze Weile dauerte es, bevor Was-bas-has, der Schneckenmann, sich daran erinnerte, woher er gekommen war. Darauf beschließt er, die Stelle zu suchen, von der ihn die Flut fortgetragen hatte.
Nicht lange danach verspürte Was-bas-has großen Hunger, aber er wusste sich keinen Rat. Wohl gab es Vögel und allerlei Wild, aber der Schneckenmann wusste noch nicht, dass man diese essen konnte. Er wünschte

sich zurück in sein Schneckenhaus, denn als Schnecke hatte er niemals zu hungern brauchen. Am Ende fühlte er sich so elend, dass er sich zu Boden fallen ließ, um zu sterben. Er hatte kurze Zeit im Gras gelegen, als er eine Stimme hörte: „Was-bas-has! Was-bas-has!" Der Schneckenmann sah auf und gewahrte vor sich den Großen Geist auf einem weißen Pferd. Wie Sterne leuchteten seine Augen, die Adlerfeder im Haar blitzte in der Sonne, und die Spitze der Büffellanze schien wie blankes Silber. Was-bas-has schlug die Augen geblendet nieder und zitterte am ganzen Körper. Wieder hörte er die Stimme des Großen Geistes: „Warum zitterst du?"

„Ich fürchte mich vor dem, der mich geschaffen hat. Ich bin müde und hungrig, denn ich weiß nicht, wie ich mich ernähren soll."

Der große Geist hob die Hand und deutete auf Pfeil und Bogen, die er auf dem Rücken trug. „Sieh her", sagte er, „siehst du dort auf der Zeder den Vogel?" Bei diesen Worten schoss er den Pfeil ab, und der Vogel fiel tot zur Erde. Mit einem zweiten Pfeil erlegte er einen Hirsch. „Dies soll fortan deine Nahrung sein, und hier sind deine Waffen." Gleichzeitig gab er Was-bas-has Pfeil und Bogen. „Du bist nackt und hast keine Kleider. Das Kleid der Hirsche soll dich von nun an warm halten, denn der Himmel wird nicht immer so blau sein. Wolken werden kommen und Regen und Schnee bringen." Zögernd nahm der Schneckenmann den Bogen und die Pfeile in die Hand. Darauf legte der Große Geist ihm eine Halskette aus Wampum-Perlen um den Hals und sprach: „Dies ist das Zeichen deiner Herrschaft. Von nun an sollst du über die Tiere des Waldes und der Prärie herrschen wie ein Häuptling. Wenn aber die Büffelherden und Hirschrudel nicht mehr sein werden, dann ist deine Herrschaft zu Ende."

Was-bas-has stand voller Staunen und wusste nicht, wie ihm geschah. Der Große Geist aber fuhr fort: „Als Herr über die Erde gebe ich dir das Feuer. Von nun an sollst du deine Beute nicht mehr roh verzehren. Sei wachsam, denn das Feuer kann auch dir gefährlich werden."

Dann sah Was-bas-has, wie sich Pferd und Reiter in die Lüfte erhoben und in den aufziehenden Wolken verschwanden. Aber noch lange sah er durch die Wolken die Spitze der Büffellanze blitzen.

Der Schneckenmann stärkte sich an der erlegten Beute. Dann machte er sich wieder auf den Weg, um die Stelle am Flussufer zu suchen, woher er einst gekommen war. Als er am Ufer saß und über sein Erlebnis nachdachte, tauchte plötzlich vor ihm aus dem Wasser ein großer Biber auf und sprach: „Wer bist du? Was willst du in meinen Jagdgründen? Dies ist das Land der Biber, ich aber bin der Häuptling aller Biber dieses Flusses. Seit uralten Zeiten wandert unser Stamm jedes Jahr den Fluss hinauf und hinab. Wir sind fleißige Leute und wollen in Ruhe unsere Arbeit verrichten."

„Du wirst fortan deine Herrschaft mit mir teilen müssen", sprach Was-bas-has, „denn der Große Geist hat mich zum Häuptling aller Tiere des Waldes und der Prärie gemacht. So will ich auch über die Biber herrschen."
„Wer aber bist du?" fragte der Biber,", so etwas wie dich habe ich noch nie gesehen."
„Ich bin Was-bas-has und ich bin aus einem Schneckenhaus gekommen. Jetzt aber bin ich ein Mensch. Hier sind die Zeichen meines Amtes." Dabei hielt er Pfeil und Bogen in der rechten Hand und einen Feuerbrand in der linken.
„Komm mit zu mir", sagte der Biber, „wir müssen Brüder werden. Komm zu meinem Lager und erhole dich von der langen Reise." Unbeholfen kletterte der Biber aus dem Wasser und machte sich auf den Weg zu seinem Tipi. Was-bas-has, der Schneckenmann, folgte ihm, denn er hatte ja kein Ziel außer dem Fluss.
Kurze Zeit später kamen beide bei dem Lager der Biber an. Gemeinsam betraten sie die Wohnung des Häuptlings. Überall lagen weiche Grasmatten auf dem Boden, und alles sah warm und gemütlich aus. Während die Frauen eine Mahlzeit bereiteten, bat der Häuptling seinen Gast, doch für immer bei ihm zu bleiben, denn er sah wohl, welch ein bedeutendes Wesen er da durch Zufall am Flussufer gefunden hatte.
So blieb Was-bas-has bei den Bibern. Er lernte von ihnen die Kunst, ein Tipi zu bauen, Bäume zu fällen, Vorräte anzulegen für die langen Wintermonate, Fische zu fangen und viele andere nützliche Dinge. Schließlich heiratete er die Tochter des Häuptlings der Biber. Ein großes Fest wurde aus diesem Anlass gefeiert. Alle Tiere, die mit den Bibern befreundet waren, wurden eingeladen.
Schneckenmann und Bibermädchen aber waren die Urahnen eines großen Stammes, der Osage-Indianer.

Geschichten

Arthur und Al auf Freiersfüßen

Es war einmal ein junger Biber, der hieß Al und bewarb sich gemeinsam mit einem älteren Biber namens Arthur um die Gunst eines hübschen Biberweibchens. Die junge Dame wollte von Al nichts wissen, weil er ein Leichtfuß und ein Taugenichts war. Er hatte in seinem Leben noch kein Stückchen Holz benagt, denn er zog es vor, zu essen, zu schlafen, in den Flüssen umherzuschwimmen und „hasch mich" mit den Bibermädchen zu spielen. Arthur dagegen, der ältere Biber, hatte seit der Zeit, da er seine ersten Zähne bekam, immer nur gearbeitet und nie irgend etwas mit irgendwem gespielt.
Als der junge Biber das Biberweibchen bat, ihn zu heiraten sagte sie, das komme nicht in Frage, es sei denn, er bringe es zu etwas. Sie wies ihn darauf hin, daß Arthur schon zweiunddreißig Dämme gebaut habe und zur Zeit an drei weiteren arbeite, während er, Al, bisher noch nicht einmal an ein Brotbrett oder ein Nudelholz herangegangen sei. Al war sehr traurig, erklärte aber, er denke nicht daran zu arbeiten, nur weil eine Frau es von ihm verlange. Als sie ihm daraufhin ihre schwesterliche Liebe anbot, erwiderte er, daß er bereits siebzehn Schwestern habe, deren Liebe ihm vollauf genüge. So nahm er denn sein gewohntes Leben wieder auf: er aß, schlief, schwamm in den Flüssen umher und spielte mit den Bibermädchen „Ich sehe was, was du nicht siehst". Das Biberweibchen heiratete eines Tages Arthur – in der Mittagspause, denn er konnte seine Arbeit nicht länger als eine Stunde im Stich lassen. Sie bekamen sieben Kinder, und Arthur arbeitete so hart für den Unterhalt seiner Familie, daß er sich die Zähne bis zum Gaumen abwetzte. Bald war er nur noch ein Schatten seiner selbst, und er starb, ohne je in seinem Leben Urlaub genommen zu haben.
Der junge Biber fuhr fort, zu essen, zu schlafen, in den Flüssen umherzuschwimmen und mit den Bibermädchen „Blindekuh" zu spielen. Er brachte es nie zu etwas, aber er lebte herrlich und in Freuden und wurde steinalt.
Moral: Es ist besser, zu faulenzen und zu verzichten, als überhaupt nicht zu faulenzen.

(aus: James Thurber. Lachen mit Thurber. Berlin, Verlag Volk und Welt, 3. Aufl., 1974, Seiten: 188-189)

Die Biberburg – Gennadi Snegirjow

Eines Tages kam ein guter Bekannter, ein Jäger, zu mir und sagte: „Komm, ich will dir eine Burg zeigen, in der eine Biberfamilie gewohnt hat. Jetzt ist sie leer." Von den Bibern hatte ich schon früher gehört und wollte gern ihre Wohnstätte näher ansehen. Der Jäger nahm sein Gewehr und ging voraus. Lange schritten wir über das Moor und bahnten uns den Weg durch dichtes Gebüsch, ehe wir den Fluß erreichten. An dessen Ufer stand die aus Zweigen gebaute Biberburg. Sie sah wie ein mannshoher Schober aus. „Vielleicht willst du mal hineinkriechen?" fragte mich der Jäger. „Wie soll ich denn hinein, wenn der Eingang unter Wasser liegt?" Da versuchten wir, die Burgspitze abzutragen. Dies gelang uns jedoch nicht, denn der Lehm, mit dem sie bestrichen war, war sehr fest. Mit Mühe und Not schlugen wir ein Loch in das Dach. Ich kroch in die Burg hinein, mußte aber auf dem Boden kauern, weil die Decke sehr niedrig war und von überall Zweige und Äste hervorragten. Drinnen war es recht dunkel.

Mit den Händen betastete ich den Boden. Er war mit Holzspänen bestreut, die den Bibern als Unterlage dienten. Ich befand mich also im Schlafzimmer. Ich kroch ein Stockwerk tiefer. Da lagen lauter kleine weiße Zweige. Die Biber hatten die Rinde von den Zweigen abgenagt. Hier also befand sich ihr Speisezimmer. Etwas seitwärts war noch ein Stockwerk, von dem ein Gang in die Höhle führte. Dort plätscherte Wasser. Der Boden im Stockwerk über der Höhle war ganz glatt. Hier hatten sich die Biber eine Diele eingerichtet. Die Biber kommen ja pitschnaß aus dem Fluß in ihre Burg. In der Diele trocknen sie ihr Fell, kämmen sich mit den Pfötchen und gehen dann ins Speisezimmer. Mein Freund rief mich. Ich kroch aus der Biberburg heraus. „Eine prächtige Burg!", sagte ich. „Ich würde gern selbst darin wohnen, wenn dort ein Ofen wäre!"

Das Biberjunge – Gennadi Snegirjow

Schnell taute der Schnee im Frühjahr. Das Wasser im Fluß stieg an und überschwemmte die Biberburg. Die Bibereltern trugen ihre Kleinen auf trockenes Laub, doch der Fluß schwoll immer mehr an, so blieb den Jungen nichts anderes übrig, als schwimmend Rettung zu suchen. Dem kleinsten Biber versagten die Kräfte. Er wäre sicher ertrunken, wenn ich ihn nicht erblickt hätte. Anfangs meinte ich, es sei eine Wasserratte, als ich aber den platten Schwanz sah, begriff ich, daß es ein Biberjunges ist. Zu Hause putzte es sich lange und trocknete sein Fell. Dann fand es einen Besen hinter dem Ofen, zog eine Gerte aus dem Besen heraus, setzte sich auf die Hinterbeine, nahm die Gerte in die vorderen und knabberte daran. Nachdem das Biberchen gegessen hatte, scharrte es alle Ruten und Blätter zusammen, machte es sich darauf bequem und schlief ein. Ich lauschte, wie das Biberchen im Schlaf schnaufte und dachte dabei: „So ein ruhiges Tierchen. Man kann es unbesorgt allein lassen, es wird bestimmt nichts passieren!" Darauf schloß ich das Biberchen im Hause ein und ging in den Wald. Die ganze Nacht streifte ich mit meinem Gewehr durch den Wald. Am Morgen kehrte ich heim, öffnete die Tür und blieb erstaunt auf der Schwelle stehen… Was ist denn das? Es sieht ja hier wie in einer Tischlerwerkstatt aus! Überall lagen Holzspäne herum, ein Tischbein ist ganz dünn: Das Biberchen hatte es von allen Seiten angenagt und hielt sich nun hinter dem Ofen versteckt. Ich nahm den kleinen Biber, setzte ihn in einen Sack und trug ihn zum Fluß. Wenn ich jetzt einen von Bibern gefällten Baum im Wald sehe, muß ich immer an das Biberchen denken, das das Bein an meinem Tisch angenagt hatte.

Der Biberwächter – Gennadi Snegirjow

Im Winter, als der Frost eine dicke Eisschicht auf dem Fluß gebildet hatte, fand ich am Ufer eine Biberburg. Sie war ganz verschneit und sah wie eine große Schneewehe aus. Auf der Spitze war der Schnee abgetaut. Aus dem Luftloch roch es nach einer Biberwohnstätte. Rings um die Biberburg sah ich viele Wolfsspuren. Allem Anschein nach waren sie hergekommen, um die Biber zu fangen, mußten aber unverrichteter Dinge abziehen. An die Biber konnten sie nicht heran, denn die Mauern der Burg sind mit Lehm verschmiert, und dieser war steinhart gefroren. Im Frühjahr ging ich im Wald spazieren. Ich wollte die Biber besuchen. Als ich ihre Burg erreicht hatte, stand die Sonne schon ganz niedrig am Himmel. Vor der Biberburg war der Fluß durch einen regelrechten Damm aus Zweigen und Ruten abgedämmt. Dadurch sammelte sich hier soviel Wasser an, daß sich ein kleiner See bildete. Ich näherte mich ganz leise, um die Biber zu sehen, wenn sie bei Sonnenuntergang auftauchten. Daraus ist jedoch nichts geworden. Aus dem

Reisig flog ein Zaunkönig auf, so ein kleiner Vogel, hob seinen Schwanz hoch und zwitscherte so laut er konnte –tik-tik-tik-tik! Ich machte eine Runde und kam von der anderen Seite an die Biberburg heran, doch der Zaunkönig folgte mir und zwitscherte wieder ganz laut, um die Biber zu warnen. Kaum näherte ich mich dem Vogel, huschte er in das Laub und zirpte aus Leibeskräften. Die Biber, die den Zaunkönig hörten, schwommen weg, so daß ich nur Luftbläschen auf dem Wasser zu sehen bekam. Schuld daran war der Zaunkönig, der sich ein Nest auf der Biberburg gebaut hatte und als Wächter bei den Bibern diente. Näherte sich jemand der Biberburg, so schlug er sofort Lärm und warnte die Biber.

(aus: Gennadi Snegirjow, Das Wunderboot, Moskau, Verlag Progress, o. J., Seiten 51-56)

Opfer von Biberfleisch – Naskapi-Indianer

Am nächsten Morgen gingen die Männer aus, um zur Feier des Beginns der Jagd einen Biber zu erlegen. Der Vater fing ihn, die Großmutter zog ihm das Fell ab, kochte das Fleisch in einem Kessel und stellte das fertige Mahl in einen Korb aus Birkenrinde in die Zeltmitte. Der Vater zündete die Pfeife an und begann die alte Trommel zu schlagen. Zu ihrem Klang sang er die Namen der Tiere, die er während des Winters zu jagen hoffte.
„Amischku!" sang er zum Rhythmus der Trommel, „Biber!"
„Muschko!" fuhr er fort, „Bär!"
Einzeln und feierlich rief er sie auf in langer Reihe: Nerz und Otter, Fuchs und Marder, Bisamratte und Elch, Karibu und Luchs, Vielfraß und Schneehase.
Ehe sie aßen, nahm jeder in der Runde kleine Stücke Fleisch von allen Teilen des Bibers in die Hand und reichte sie dem Vater, der diese Stücke von den Schultern und vom Bein, von Kopf, Leber, Herz und allen Organen sammelte und sie langsam ins Feuer warf. Dazu sang er
die Worte: „Dies gebe ich euch. Nun seid zufrieden!"
Dies geschah zu Ehren der Häuptlinge aller Tierstämme, die er aufgerufen hatte. Zum Zeichen der Erkenntlichkeit würden sie ihm nun während der kommenden Jahreszeit ihre Untertanen zusenden, damit sein Gewehr sie schießen und seine Fallen sie fangen könnten.
Nach den wilden Tieren kamen die Hunde an die Reihe. Sie erhielten erlesene Stücke guten Fleisches. Zufrieden und dankbar würden sie als treue Jagdgehilfen ihre Erkenntlichkeit zeigen.

Erst jetzt begann die Familie ihr Mahl. Der Vater begann zu essen, und alle folgten seinem Beispiel. Sie aßen, soviel sie nur konnten, denn bei Anbruch des nächsten Morgens mußte das „heilige Fleisch" verzehrt sein. Was übrig blieb, wurde ins Feuer geworfen. Die Großmutter wickelte alle Biberknochen in Birkenrinde ein, die mit einem Lederstreifen umwunden und zu Paketen geschnürt wurde. Kein Hund durfte diese Knochen berühren, hoch in den Bäumen wurden sie aufgehängt. Pirre band sie fest in die Zweige ein, denn fielen sie herunter, so würde Unglück die ganze Familie heimsuchen.
Die Bäume waren schon kahl gewesen, als sie zurückkehrten. Zwei Wochen später war der ganze Jagdgrund mit Schnee bedeckt.

(aus: Julius E. Lips, Zelte in der Wildnis, Berlin, der Kinderbuchverlag, 1968, Seiten 123-124)

Von de Biwerte, de Farschter un de Liewespärchen innen ahlen Tierjarten – Franz Abendroth

Wenn mer ewwersch Jestänge innen ahlen Tierjarten ninnkam, stand rechts erscht de Buhnenmeestereie, denn kam de Wäschereie mitn Bleechjarten, un hinnern Ruderklub lähn heute noch de Kleenjarten innen frieheren Kichenjarten. Ans Gestänge warren zwee Tieren, die schloß der Buhnenmeester innen Winter um achte un innen Sommer um zehne 'n Amend zu. De speteren Bummelanten mußten denn vorne ans Kuhheischen rum ebber de jroße Muldebricke jehn.
In de letzten Nächte warsch unheimlich jeworrn in de Ecke innen Tierjarten. Da warn Biber anjekommen un machten ville Dummheeten in de Jarten an de Mulde. De Menschen buschwerten sich uffs Forschtamt, un nuh mußte der Dessauer Farschter nahn Rechten kuhken.
Innen Kichenjarten stand an jroßer Hoofen von den Kleenjärtner, wie dr Farschter kam. Uffjerät, er war noch jar nicht richtig ran, gings schon los. „Hier – da han de Biwwerte an de Mulde de Aprokosenbeeme abjefressen, un hier sin se durch de Jarten jeloofen un innen Braunkraut rumjewarjet."
„Paßt mah uff" – fing der Farschter an – hier an de Mulde müßter Zacken von de Weidenböcke runnerschneiden, denn die Biber klettern do da oben nich ruff. Ihr hatt awwer Aprikosenbeeme mang de Weiden jepflanzt, da is doch klar, dasse die abfressen."
„Jut", saden de Erdbeerpfropper, „das sähn mer inn, awwer was soll das budeiten, dass'n se quer durch die Jarten loofen?"
Dr Farschter zejete mit de Hand nah an Jebeide, das mitten in de Jarten stand. „Was is denn da drinne?" „Das is unse Jartenheim mit Kantine", wurre bulehrt, „denn is alles jeklärt" – sprache weiter – „weil das Wasser in

de Mulde immer dreckigter ward, könnens de Biber nich mehr saufen. Nuh wollen die nah de Kantine un Selterswasser holen, weil das noch reene is."

„Es is doch jut", saden de Järtner, „wenn wir wärn an Kasten Selter an de Mulde setzen, denn loofen die nich mehr in unse Jahrten rum."

„Das jiwwets niche", schimpte der Kantinier, „die Biwwerte sinn och nich besser wie ihr, da krie ich meine leeren Flaschen nich wedder, denn ihr schmeißt de leeren Pullen ooch ewwerall rum."

„Das macht nu, wie ihr wollt", verabschiedete sich dr Farschter, „ich muß erscht weiter prifen, denn komm ich nochemah her."

Där erschte Fall war jut jejangen. Jetzt wurres schon schwierijer, denn in de Wäschereie waren nur Frauen, un die haddens in sich, wie Bussen seine Zicke de Millich.

Schon wiee de Hofftiere uffmachte, schrie eene los: „jetzt kimmete wäjen de ollen Biwerte, dän wolln mersch awwer ma stechen, mer kann noch nichemah mehr ruhich nahn Abort jehn!"

„Morjen Mächens", jrießte dr Farschter freindlich.

„Na, na, von wejen Mächens, so sän mer doch woll nich mehr aus?", antwoetet sonne ordntlich Dicke, „nuh erschtmah jutten Morjen."

„Wu hatter denn eire Schmarzen un Sorjen?" frade vorsichtig.

De Dicke nahms Wort: „Du weeßt doch, Farschter, wo innen Bleejarten die Eechenbohle ewwer den kleene Jrabn läht, der nah de Mulde nunner jeht. Komm ich dich doch mitn Korb vull Wäsche, will ebber de Bohle jehn, da kraucht doch an braunes Tier, wie son kleener Bär, unner mich weck. Ich schreie laut uff un lasse dän Korb falln. Da bleiwet das Biest ooch noch sitzen un kuhkt mich jroß an. De Wäsche lahk nuh eehma innen Dreck. Ich in meine Angst jreife an Knuddel Wäsche un fäjen nah das Tier. Das war meine Rettung. Er dähjete sich rum un loff nah de Mulde runner."

Dr Farschter hadde bahle jenunk. Er wolle sich jerade zu´s Hofftor nausschlengeln, da kam Krimmelings Lenchen jeloofen.

„Holle mah an, Farschter, so jehts nich weiter. Wenn de Mulde straffes Wasser hat, traut sich keener mehr uffn Abort. Kuhke ma – där steht da hinten an de Mulde. Ich mußt mah uffs Artchen, s´ Wasser stand bahle bis dran, will wedder raus – da sitzt dich doch an jroßer Biwert, un läßt mich nich raus. Wie ich jebrillt hawwe, jloobt keener. Endlich kamen meine Freindinnen un bufreiten mich."

„Nee, nee, Lenchen, so kanns nicht weiterjehn", beruhigte dr Farschter, „ich bin ewwerzeijet, daß där Biber hier jefangen un an de Pelze wedder ausjesetzt wärn muß, weil da keen Abort steht."

Wäjens Fangen junke jlei in de Buhnenmeesterei rin.

Där olle Buhnenmeester war vorpansioniert, där neie war schon da, awwer noch nich mit de Frau uns Mewelemang. De Handwarker scharwarkten noch in de Wohnung rum.

„Welcher Jlanz in meine elende Hitte" – bujrißten der Buhnenmeester – „komm, ich wohne uffn Hoff."

Nebens Waschhaus war son kleener Raum. Da stand an olles Sofa mit schwarzes Wachstuch ewwerzogn, weiße Porzellankneppchen und anne zinftiche Kuhle drin. Uffn Schämel stand an oller Waschnapp, un nebens Sofa an Rohrschtuhl mit kaputtigten Sitz un ann Talliglicht druff.

In de Ecke stand anne anjetrunkene Pulle Beerenwein. Qualm war nich in de Bude, Paul priemte bloß.

„Siehste, Farschter, das is jetztt mein Heim."

„Paul" – tat där Farschter janz heemlinge – „du riechst so scheen nah Bratensoße."

„Jibb de Pulle rewwer, fäje ooch eenen mit, denn erschtens sähns de Weiwer hier nich, un zweetens vertran sich zwee Besoffene ville besser."

„Heite nich, Paul, ich bin dienstlich hier, wäjen de Biwer."

„Siehste – das is jut" – wurre Paul läwendig – „du kennst doch dän Saftbarnboom hier innen Jarten. Kimmet dich doch jede Nacht son Biwert un klaut die runnerjefalln Barn."

„Was heeßt hier klauen", antwortete dr Farschter janz entristet, „die paar runnerjefalln Barnen warschten doch wuh jennen?"

„Nee, eben niche, die nähm ich doch, wenn ich zu Hause fahre, immer meine Olle mit."

„Du kannst doch de Letter anstellen, un flicken so vill de willst."

„Das haste dich jedacht, Farschter, wie soll ich denn mit meine zwee Zentnär un finwen-zwanzich Fund da nuffklettern. Nee, nee, immer de Barn runnerfalln lahsen un naus mit de Biwer."

„Nach also ooch jut, Paul, der Biber ward nächste Woche jefangn, mich stehts mit de Buschwern bis oben ran, un du mußt mit helfen."

An de Mulde bauten se Drahtjehäge mitn Inloof nahn Saftbarnboom. Ans Enne stand de jroße helzerne Kastenfalle. Derfor, drinne un derhinner lajen de besten Saftbarn.

Eenes Awends, jerade hadde dr Buhnenmeester s Jestänge abjeschlossen, kam dr Farschter uff Anstand. Paul durfte uff das schwarze Wachstuchsofa mit Kuhle schlafen, er selwer saß uffn Jahrtenstuhl hinner de Rosenhecke. Ellwe schluhks vonen Rathausturm. Da fing Paul an zu schnarchen, wie wenn eener trockene Rotriesteräste mit anne stumpe Säje buarweetet.

Leise schlich dr Farschter in de Kemmenate un ruckelte Pauln an. Där schuchtzte noch ehma janz tief und frade: „Hasten schon?"

„Wenn de so weiter schnarchen tust, kimmete nich. Hier haste deine Pulle, nuh vorhalt dich ruhig." Damit deckten anne Decke ewwern Kopp. Jerade wiee n letzten Schlak von zwelwe naheern tut, vornimmte Schritte. An Liewespärchen wullte ewwersch Jestänge schleichen. Erst rackelten se mechtig an die Tiere, denn machten se kehrt un stellten sich annen Jahrtenzaun un… na ja, un denn wollte där Bengel mank de Latten anne Rose forsch Mächen rausholn. Das wurr'n Farschter denn doch zu vill. Er fing mechtig an zu schimpen. „Warum treiweter eich bei nachtschlafene Zeit hier innen Tierjarten rum, jeht doch nahn Lustjarten odder läht eich in den Betten."
„Das machen mer, wie wir wolln", sade schnippisch das Mächen, un denn trudelten se ab.
Eens warsch schon lange vorbei. Uff de annere Seite von de Mulde, innen „Schwarzen Adelär", hadden se Schluß jemacht. Nur de Hofflampe hadden se vorjessen auszumachen. Se schmiß an Lichtstreefen ewwer de Mulde weck. Durch dän Lichtstreefen mußte där Biber schwimmen, wenne annen Saftbarnboom wullte. Dr Farschter saß nur noch injestellt uff den Streefen. Ins Kreize fing'n an schuwwerig zu wärn. De Oojenlider wurrn bleischwer. Immer rauschte janz eenjal de Obermulde ewwersch Jestänge in de Unnermulde, un…och er war injeschlafen.
Da – an lauter Bums!
De Falle war zujeschlahn.
Er schprang uff, lief nahn Hoff, un starzte iwwern Katzenfeßnapp mit'n Kopp jejen Paul'n seine Tiere.
Paul war ausn erschten Schlaf schon raus, wollte uffschpringen un schmiß'n Schtuhl um. Wie e rauswankte, baumelten de Hosenträjer hinten runner, mit eene Hand hielte de Hosen feste un war barwest.
„Los, er sitz drinne", brillte dr Farschter an un treckten nah de Falle hin. Paul awwer hackte mitn jroßen Zeck uns Himne in de Rosen fest un schimpte merderlich.
„Ninhucken de Falle in deinen Stall", kam der Ufftrack.
Se huckten los.
„Brennes Licht an!"
Natirlich warsch Talglicht unnersch Sofa jekullert, awwer endlich haddense Licht.
„Paß uff" – erklärte dr Farschter – „ich hewe de Klappe an bißchen an, un du kuhkst mits Licht, obs an jroßer odder an kleener Biber is."
Zweezentnär-Paul bickt sich, leichtet…- da, an mechtiger Satz, Licht aus – un dorch de Tiere rasaunt was naus.
„Siehste – brillt Paul – „du mit deine Kokeleie, nuh isse furt!"
„Oller Dussel", kams zuricke, „das war doch'n Kantinier sein schwarzer Kater!!"

Eene Woche schpeter han se dän Biwer doch buzauwert, weiln keen Liewespärchen gesteert hadde.

Nuh war dr Biber wedder bei seine Kamräde annen Wallersee, dr Kichenjarten schparte de Selter, in de Waschanstalt jingen se dahin, wu se mußten, der Buhnenmeester hadde de Saftbarn for sich alleene un – de Liewespärchen unjestörten Uffenthalt. Dr Farschter hadde for de Ruhe innen Tierjarten jut jesorjet.

(aus: Dessauer Kalender 1959, Seiten 55-57, *in Dessauer Mundart*)

Vom Keilenbeißer, von Bademeistern, Fischern, Förstern aus dem Tiergarten - Bibererlebnisse vor dreißig Jahren – Franz Abendroth

Wenn im Frühjahr die Eichen grünten und die Sonne wärmend auf den „Parnekel", einem Nebenarm der Mulde, schien, dann wurde es draußen im Tiergarten in der Parnekelbadeanstalt lebendig, denn die Muldewasser luden noch zum Baden ein. „Vater Storz" war nicht mehr dortiger Verwalter, sondern es regierte nun ein Bademeister, der in der Jugendzeit als Seefahrer tätig war und deshalb „Der Seehund" genannt wurde.

Zu seinen zahlreichen Badegästen gehörte auch „Ahte", ein Parkettleger aus Dessau. Ab und zu waren der Buhnenmeister vom Gestänge namens Paul und der Förster vom Rosenhäuschen, zu dessen Revier auch der Tiergarten gehörte, zu Besuch. Letzterer wurde in Dessau „Der Biworfarschtor" betitelt.

Heute war es schon früh bannig heiß. Seit 10 Uhr saßen alle um einen Gartentisch im Schatten einer der großen Eichen. Das Gespräch wurde von Paul und dem Förster ganz gegen sonstige Gewohnheiten sehr lautschwach geführt – fast heimlich. Es mußte sich daher um eine ernste dienstliche Angelegenheit handeln.

„Sähtor", erklärte der „Seehund", „das war schon bei´n juten Vater Storz jenau wie heite. De Badejäste quälen eenen, se wullen jarne mah an Biwert sähn. Nu, Vater Storz hat das immer sehre jut fartichjebracht. Hinten innen Schuppen schtellte an hohkes Waschfaß mit Muldewasser in anne schummerije Ecke, nahm an dunkelbraunen Kartoffelsack, schtoppte Hei un Steene ninn un band dän Sack mit Bindfaden wie sonne Biworform. Denne vorsenkte den Sackbiwort ins Faß un deckte an Deckel druff.

Wenn nuh jar keener Ruhe ließ, denn schlosse ´n Schuppen uff, hielt seinen Zeijefingor vor´n Mund, un där Kuhker mußte uff Zehenschpitzen ans Faß schleichen. Vorsichtig hobb Vator Storz dän Deckel hohk un sade: ‚Siehsten denne? Er is jerade uff Jrund jetaucht.' Denn deckte janz vorsichtig dän Holzdeckel weddor druff.

Awwer da jabs janz Neijierigte, die wollten noch mehr sähn un faßten jlei selwer nah´n Deckel. Denn haute Vator Storz mi de Faust ins Wassor un schluk dän Deckel mit lauten Knall uffs Faß, faßte dän Neijierijten annen Arm un vormahnten: ‚Das is nochemah jut jejangen. Haste dän Plumps jeheert? Halb ware schon naus un woll dich beißen. Häddich dän Deckel nich druffjeschmissn, warsch passiert!'

‚Dunnorwetter!' sahde dor Vordatterte, ‚daß di Biworte soo beißen, mer solls nich jloobn.'

‚Ja', jab dor Farschtor seinen Senf zu, , Seehund, sähtor, ihr Bademeestorsch, da hattor 'n Teiwel an de Wand jemalt un nuh isses passiert. Nu is de Keile kortschenkleenkaputt.'"

Dor Buhnenmeestor Paul war janz arnst. Mit mahnender Schtimme schprach er den Seehund an: „Du bist där eenzijste, där ewer dän Vorfall Auskunft jäbn kann, denn nischt Jenaues weeß keener nich. Sahk de Wahrheet, denn das kann an Jerichtsvorfahrn wäjen Karporvorletzung un Schadensersatzanschprüche wärn."

Ahtn wurres janz bammelig. Er schtand uff un frahde: „Sollich weckjehn? Ich weeß jarnischt niche."

„Bleiwe mah hier", sahde dor Farschtor, „du holst doch ofte nachtens Fische – un du wirscht in die Sache noch jebraucht."

„Ich hole doch nachtens keene Fische nich" schtammelte Ahte janz vorlejen, „ich passe doch bloß uff, daß annerte keene nich holn."

„Bleiwe man hier, du heerscht schon, was noch kimmt."

Am liewesten wäre je abjerickt, denn wär weeß, was die hier von´n wußtn. Jetzt kunne nich mehr fort.

Schon über eine Stunde ging es hin und her. Der Förster schrieb ein Protokoll. Endlich fragte er, ob noch jemand etwas zuzusetzen habe. Dann las er vor:

„Ich bin hier schon mehrere Jahre Bademeister und habe dieselben Rechte und Pflichten wie mein Vorgänger, der Vater Storz. Ab und zu schwimmen Biber durch die Badeanstalt, aber meistens nur im Morgengrauen oder in der Abenddämmerung. Seit drei Wochen aber kommt ein großer starker Biber mit großem Kopf täglich gegen 15.30 Uhr durch die Badeanstalt stromauf geschwommen. Ich pfeife dann dreimal kurz mit der Trillerpfeife, und alle Badegäste verlassen das Wasser. Hat der Biber das Badeanstaltsgelände wieder verlassen, gebe ich kurzes Pfeifsignal, und alles springt dann wieder ins Wasser.

Am 25.7. schwamm der Biber wie gewöhnlich durch die Badeanstalt. Ich gab das übliche Signal. Doch bevor ich Entwarnung geben konnte, hörten wir außerhalb der Badeanstalt stromauf Hilferufe und eilten dorthin. Wir sahen einen etwa 17jährigen jungen Mann ermattet und laut um Hilfe rufend im Wasser, den wir sofort herausholten. Er hatte in der rechten Gesäßhälfte eine lange, stark blutende Wunde, von der ein Fleischfetzen herabhing. Er wurde sofort zur Badeanstalt geschafft, notverbunden und dann zum Arzt transportiert. Seit dieser Zeit kommen nicht mehr viel Badegäste, weil sie von den Bibern nicht in den Hintern gebissen werden wollen. Der Biber aber kommt nicht mehr nachmittags, sondern erst kurz vor Dunkelwerden. Vorgelesen – genehmigt – unterschrieben / genau wie oben"

„Halt!" verbesserte der Förster „hier is an Widerschpruch drin – där Doktor un där Vorletzte sahn annersch. Paßt uff, ich läse de Ausaen vor:
‚Am 25.7. War ich außerhalb der Parnekelbadeanstalt und strampelte im Wasser mit Händen und Füßen. Die Dessauer sagen: Wir schwimmen die Schraube. Plötzlich tauchte linksseitig von mir ein großer Biberkopf auf, verschwand sofort wieder, und dann spürte ich in der linken Gesäßhälfte einen brennenden Schmerz und wurd nach unten gezogen. Ich schrie darauf um Hilfe, die auch sofort erschien und mich weiter versorgte. Der Verletzte.' Also, Seehund, ewwerlähk genau: warsch de rechte odder de linke Backe?"
„Weeß dor Teiwel – Farschtor – warsch nuh de rechte odder de linke??"
„Haste denne vorr dän Vorletzten odder hinnern jeschtannen?"
„Farschtor – ich hawwe so jesschtannen, daß ich dän Hinnorn vorr mich hadde, un denn schtimmts, das war doch de linke Backe. Ännore mans Protekoll ab."
Nachdem alle unterschrieben hatten, holte der Förster wieder ein Schreiben aus der Tasche und las vor:

„An den
    Biberförster
        hier!

Wie Ihnen bekannt ist, wurde in dem Revierteil Tiergarten im Parnekel eine männliche Person von einem Biber gebissen. Die Stadtverwaltung Dessau weist darauf hin, daß sich die Bevölkerung bedroht fühlt und deshalb die Badeanstalt am Parnekel meidet. Sie erhalten daher hierdurch den dienstlichen Auftrag, den Biber dort unbeschädigt zu fangen, in das Forsthaus Rosenhäuschen zu transportieren und fernmündlich an uns Meldung zu erstatten. Sie erhalten dann weitere Anweisung. Die Polizeiverwaltung ist entsprechend verständigt.
                    Der Landforstmeister."

Ganz bedrückt legte der Förster den Schrieb vor sich hin, dann machte er sich Luft:
„Sonne Lausebengels, was han denn die außerhalb von de Badeanstalt verlorn? Ich muß mein Hei machen, keene Zeit hat mer nich. Denktor denn, där Biwert setzt sich hier nebn´n Seehund hin und läßt sich in anne Kiste setzn

un nahs Rosenheischen bringn? Ihr wärt eich wunnern. Ich kenne dän Rummel. Wäjen sonne Dummheetn nur Arjer un Vordruß. So eenfach, wie´s sich dor Vator Storz jemacht hat, is das hier nich."
Einen Augenblick trat Ruhe ein.
Ahte fragte ganz vorsichtig: „Is denn nu de dienstliche Besprechung zu Enne?" Und als er hörte, daß über seine Moritaten mit den Fischen nichts mehr zur Sprache kam, taute er auf:
„lahst man – dän Farschtor helfen mer alle. Ich hawwe von mein´n Freind Otto, an Roßloer Elweschiffer, noch an Schticke Häringesjarn, das reißt nich jlei entzwee."
„Aha!" ließ sich der Förster hören, „das nimmste wo nachtens immer in de Buschlecher wäjen de Wurzeln?"
„Keen Jedanke nich", gab Ahte schlagfertig zurück, „wär sowas macht, der maust."
Der Seehund spann altes Seemannsgarn.
„Sinn mer uff ´nen jroßen Teiche mit de Seehunne fartich jeworrn, wärn mer sonnen Parnäkelbiwert schon zeijn, wus Deck an Loch hat. Mein Käptn sade immer: ‚Jungens, drängelt mah wedder eenen an, nich so ville Drasch machen un jlei ninn mitn´n in de Kombise.' Mir han denne jlei sonnen Vierzentnärseehund mit´n Schwanz nah vorne durchs Bullooje unsen Koch uffn Kichentisch jefäjet."
Alles war nun gespannt, wann´s losgehen sollte. Der Seehund riet:
„Montakh um 18 Uhr – Treffpunkt hier. Die paar Dessauer Sonnenkeppe, die noch kummn, schnuwwen montakhs von´n Sunntakh noch aus, da sinn mer janz alleene."
„Abjemacht – alle helfen mit!"
Am Montag traf sich die Fangexpedition einschließlich eines Vertreters der Dessauer Polizeiverwaltung, des Feldschutzmannes „Heinrich", letzterer in vollem Dienstornat mit Helm. Die Rollen wurden verteilt.
Ahte mit seinem Freund, dem Elbeschiffer Otto, spannte quer durch den Parnekel sein Heringsgarn mit Zug- und Unterleine. Unten auf den Querverstrebungen des Sprungturmes saßen zwei Bademeister sprungbereit. Oben auf dem Sprungturm nahm Heinrich auf einem Gartenstuhl Platz. Vor ihm stand ein zweiter Stuhl. Auf dem Sitz eine Petroleum-Stubenlampe mit Glocke und Zylinder, daneben eine Schachtel Streichhölzer. Des Försters Aufgabe bestand darin, auf der Galgenbrücke zu warten, bis der Biber durchschwamm. Dann sollte er den Ruf des großen Waldkauzes ausstoßen, weil in diesem Ruf der Biber nichts Böses vermuten würde. Kam der Biber dann vor das Netz, sollte der Seehund Kommando geben: „Los!" Die Bademeister sollten dann ins Wasser springen, damit sich der Biber erschreckt, und Abteilung Ahte sollte dann das Netz zuziehen. Heinrich hatte inzwi-

schen die Kokellampe angezündet, um den Fangort zu beleuchten. So der Plan. Die Posten wurden bezogen.

Langsam senkte sich die Nacht über den Tiergarten. Nichts rührte sich. Von den Menschen war nichts zu sehen oder zu hören. Da – ganz vorsichtig unterschwamm der Biber die Galgenbrücke. Der Ruf des Waldkauzes ertönte. Einige Minuten vergingen, dann hörte man laut den Seehund: „Los!" Laut aufklatschend sprangen die Bademeister in den Parnekel.

Plötzlich ein furchtbares Geschimpfe mit allen in Dessau bekannten Kosenamen; das Tierreich besonders stark vertreten, auch mit Exoten.

Was war geschehen? Der Förster lief, was er konnte.

„Jetzt erschtemah Ruhe! Sinn alle Beteilijten hier? Namen ansahn!" Ein Mensch fehlte nicht.

„So – un nuh jeder, awwer immer eener nah´n annern, wie bei Erich Messer, seine Anjabn."

„Lahst mich jlei zuerscht dran!" jammerte Heinrich, „ich kann doch nich ohne Helm nah de Wache kommn. Er is ins Wasser jefalln un fortjeschwommn."

„Los, mit eenen Bademeester dän Helm holn" ordnete der Förster an. Das Suchkommando verschwand parnekelabwärts.

Der Waldkauzruf hatte geklappt. Das Kommando des Seehundes auch. Die beiden Bademeister aber hatten sich gleichzeitig beim Absprung mit den Beinen stark abgestoßen. Der Sprungturm wackelte beträchtlich. Da stürzte der Stuhl mit der Kokellampe ins Wasser. Heinrich wollte retten, was noch zu retten war …da fiel auch noch der Helm in die Tiefe und trieb von dannen.

Es folgte nun Ahtes Bericht. Neben ihm stand Otto, der Elbeschiffer, und kaute vor Wut seinen Priem mit den Vorderzahnstummeln.

Ahte begann:

„Ich hawwe zu das Jählbeen jesaht: ‚Lucker lahßen!' Was macht där dämliche Krätenbulle *(männliche Kröte)*? Er treckt straff!"

„Du Sonnenkopp!" taute Otto auf, „was hawwick dich jesaht? Unnerleine beschweern, denn tal trecken. Du hast'n Farschtor Radtke aus's Luisium noch keene Karpen aus de Pelze jeholt, awwer ick von Roßlo. Da frake mah Mundos Fritzen, wat dor ‚Stiernacken' is, wenn där de Wasserleichen aus de Elwe holt, wat dich där saht. Ungerleine beschweern, denn tal trecken."

Also der Biber war unter der Unterleine hindurch über alle Wellen! – das war des Försters Feststellung.

Da – plötzlich wieder ein lauter Plumps! – Einer schrie: „Dor Biwor is wedder ran!" Und alle stürzten auseinander. „Ihr säht wu Jeschpenster!" brüllte der Seehund, „das war dor Bademeester, där is in de Tunke jeschprung un holt Heinrichen sein´n Helm!"

Richtig, da kamen sie beide. Der Bademeister bibberte und Heinrich trug stolz seinen helm unter den Arm geklemmt.

„Setzen uff, sonst verlierschten nochemah", war der Rat der Vorsichtigen; aber Heinrich hatte andere Sorgen.

„Där is vull Wassor un wijet an halben Zentnär. Wenn ich dän uffsetze und kumme nah de Wache, denn hatte mich meinen Kopp innen Brustkasten jedrickt."

Kein Mensch lachte, sie waren alle doch etwas in gedrückter Stimmung.

„Das ward nochemah mit dän Fang vorsucht", brummelte der Seehund, „där Biwert kimmet weddor. Ich jäbe´n Farschtor Bescheed. Jude Nacht."

Tage darauf klingelt es beim Förster Sturm. Ein Junge bringt Post.

„Scheenen Jruß vonnen Bademeester Politz aus ´n Tierjarhten, er schickt Post wäjen dän Biwert."

„Wahrte mah, mein Junge", sagte der Förster freundlich und las die Tiergartenpost, „weddor an scheenen Jruß, un mir sinn´n Freitak alle weddor inn´n Parnäkel."

Aber der Junge ging nicht und druckste etwas herum. Endlich fragte er vorsichtig: „Kann ich denn da nich mah mitkomm´n, wenn där Biwert jefangn ward?"

„Eejentlich niche", freute sich der Förster, „awwor weil de son juter Junge bist, kannste mitmachn. Awwor keen´n weiter was dorvon sahn. Un hier haste noch an paar Äppel."

Der Junge klemmte die Äpfel in den Hemdbusen über dem Gürtel und stürzte überglücklich fort.

Am Freitag regnete es „Pumpskeilen", wie die Dessauer sagen.

„Das is das richtije Wettor – heite klappts!" philosophierte der Förster beim Mittagessen seiner Frau vor. „Wettor muß sinn, daß mer keenen Hund jarne nausjocht. De Kiste mit dän Biwert kimmet bis morjen frih innen Kellor, denn lahßen mern ins Waschahus. Um zähne is di Komisjohn ran wäjens Ankuhken. Se wollns denn in de Zeitunk schreimn, dormit de Dessauor weddor nah´n Parnäkel jehn, wenn där Keilenbeißer fort is."

„Na, na – man erscht han!" bemerkte die Förstersfrau, „ich sähes noch nich. Ihr hat se immer schon, das war efter so. Unn wenner nachtens kimmet, janz leise machen, daß unse kleene Mächen nich wach ward un sich vorschreckt. Ihr seid doch wie de Narren mi eire Biwerte. Kimmt den och dor Biwertprofessor aus Zarwest?" „Där kimmet ooch."

Der Abend kam heran und es regnete jetzt Bindfaden. Die Expedition kam langsam zusammen. Der erste war der Junge. Er stand abseits von den Beratenden und popelte vor Aufregung gleich in beiden Nasenlöchern herum.

Heinrich kam nicht wieder auf den Sprungturm. „Där Junge is keen Dummer nich, där besorjet uns immor de Ikelpetzen *(kleine Weißfische, genannt*

Ukelei) for de Hechtangel; er kimmet mit ans Netz", entschieden Ahte und Otto.

Sonst ändert sich nichts n der Konstruktion. Der Biber kam, der Waldkauz rief, die Bademeister sprangen ins Wasser. Gerade war der Biber am Netz und versuchte wie das erstemal unter der Unterleine hindurchzukommen. Unbemerkt glitt das Leinenende ins Wasser.

„Klauk ′n Schtrick!" brüllte Otto, und der Junge faßte zu und zog aus Leibeskräften. Das war das Unglück Bockerts. Sie hatten ihn dingfest.

„Immor Ruhe – langsam ans Land trecken", mahnte Ahte. Der Seehund war ganz aufgeregt. „Los – Heinrich – Auto holen." Heinrich stürzte davon.

„Mits Auto awwor uffn Wähk bleimn, nich ranfahrn, alles een Sump!" rief der Förster hinterher.

Wie ein Baby wurde der Biber behandelt und in die Klappkiste bugsiert.

Tatü-tata- raste der Polizeiwagen mit großen Scheinwerfern durch den Tiergarten. Vorne stehend – hoch aufgerichtet – Heinrich als Lotse. Die aufgewühlten Regenpfützen spritzten rauschend in hohen Fontänen.

„Scheinwerfer aus!" scholl Heinrichs Kommandostimme. „Ewwer de Bricke scharf rechts – uff de Wiese lenk!"

„Halt!" schrie der Förster. Zu spät! – laut heulte der Motor auf, dann verstummte er. Sie lagen in der Tunke wie der Rollmops in der Brühe.

„Ahte un dor Junge bei de Kiste bleimn, die annorn lenk hin", vernahm man den Seehund.

Und nun ging′s los. Erst kriegte Heinrich seinen Segen. Dann fing das Probieren an. Was wurde alles versucht. Der Motor arbeitete wieder, die Räder rutschten, der Schlamm wirbelte. Die Biberfänger sahen aus wie frischgebaute Schwalbennester, nur der Fahrer nicht.

„Schluß jetzt!" brüllte Otto. „Sechs Bohlenstickchen holn, unn die Jolle is wedder flott."

Und es klappte wie der Deckel auf Vater Storzens Biberfaß. Genau 1.15 Uhr stand die Biberkiste im Rosenhäuschenkeller. Noch nicht einmal das kleine Mädchen war wach geworden. Endlich kamen die Förstersleute zur Ruhe. – Plötzlich schrie das kleine Mädchen auf – aber wie! Die Försterin war sofort hoch.

„Was is denn nuh los!" rief sie dem sich langsam erhebenden Förster zu.

„Horch – jetzt knabberte unten an de Kiste."

„Los, nunder, mit anfassen, jetzt kimmete ins Waschhaus."

Bockert wurde freigelassen, der Leitungshahn zum Tropfen gebracht. Türe zu und wider in die Schnarchkisten.

Längst war es hell geworden – da ging′s wieder los. Diesmal schrotete er an den Türstreben. Aber dann wurde es ganz ruhig.

6 Uhr. Die Försterin als erste raus und gleich zum Waschhaus. Vorsichtig öffnete sie die Tür und guckte durch den Spalt. Ein gellender Entsetzensschrei!!! Vor ihr saß ein völlig schwarzer Biber, bedeckt mit einer klebrigen Masse.
Was war denn nun kaputt?
Bockert war bei seinen Befreiungsversuchen an die Rußklappen der Kesselfeuerung gekommen, hatte diese herausgerissen und wurde mit Ruß beschüttet. Als sehr sauberes Tier legte er sich unter die tropfende Wasserleitung und fing an, sich zu putzen. Wie er nun vor den Förstersleuten saß, kann man sich gut vorstellen.
Schnell drehte der Förster ein Strohseil, drückte es dem Biber ins Maul und hielt es hinter dem Kopf fest. Gleichzeitig trat er über den Biber von hinten und nahm ihn zwischen die Beine.
„So – beißen un kratzen kanne nich – jetzt an Emmer lauwarm Wassor her un de Wurzelbarschte."
Die Försterin wandte alle Hausfrauenkniffe an, aber die Farbe änderte sich nicht.
„Das krien mor awwor, ich kumme jlei weddor." Sie brachte ein Schnupftuch und band es über die Augen des Bibers um den Kopf herum, wie eine Zahnschmerzenkuhke.
„Niescht solle in de Oen krien", sorgte sie sich – und dann schüttete sie ein halbes Päckchen „IMI" ins Wasser. Dicke schwarze Brühe lief zum Waschhaus hinaus, und langsam kam beim Keulenbeißer wieder die natürliche braune Haarfarbe zum Vorschein.
„Ja, ja, wenn wir Frauen nich wärn", knurrte sie, „jetzt soll erschtmah das kleene Mächen dän Stromer sähn."
Die hohe Kommission erschien und staunte nun zum Waschhausfenster hinein – gefahrlos – den Keulenbeißer an. Auch der Biberprofessor war erschienen. Er ging etwas abseits und nahm den Förster beim Arm.
„Auffallend schwarze Haarfarbe an den Augen", flüsterte er dem Förster zu. „Da hats Schnupptuch jesessen! Awwor, Professor, de wissenschaftliche Auswertung wolln mer man wir beede nahär alleene vornehmen", raunte er dem Professor ins Ohr.
Abschlußbesprechung im Parnekel. Pro Fängernase 10 Flaschen „Helles", 10 „Doppelte".
Langsam erhob sich der Förster zur Abschlußrede. „Liewe Biwerfänger! Nochmals mechte ich den Dank von de Stadt Dessau un de Forscht ausschprechen. Ihr hat alle eier Bestes jejäbn. Awwor schon weddor ziehn dunkle Wolken ewwern Bark. De Biwerte sinn vonnen Mildenseer See aus in de Obstjahrten jeraten unn hacken de Appelbeeme ab. Machter denn weddor mit?" Alles brüllte: „Wann? Jlei morjen!"

Er fuhr fort: „Unse Keilenbeißer schwimmet in de Pelze ins Wassor, wie mir hier innen Parnekel in Bier un Schnaps. Un nuh – Seehund – mach bekannt, där Keilenbeißer is fort, un de Dessauer Sonnenkeppe kennen weddor in Ruhe ihre Keilen waschen."
Da erscheint der Junge und schaut verdutzt auf die Batterie leerer Flaschen.
„Komm her, mein Junge", rief der Förster zu, „du darfst noch keen Bier trinken, du kommst awwor jetzt mit nahs Rosenheischen unn holst dich an jroßen Rucksack vull Klapperäppel."

(aus: Dessauer Kalender 1961, Seiten 84-91, *teilweise in Dessauer Mundart*)

Eine kleine Bibergeschichte – Karl-Andreas Nitsche

Beim gestrigen Kontrollgang in meinem Biberbetreuungsgebiet stand das Wasser nur wenige Zentimeter über normal. Hochwasser war bereits seit Tagen gemeldet. Als ich heute ins Gebiet kam, war alles schon überflutet. Die Straße war zum Fluß geworden und vom Brückengeländer ragte nicht mehr viel über den Wasserspiegel hinaus. Für die Biber war über Nacht eine Notzeit angebrochen. Leider hatte ich es gestern nicht mehr geschafft, frisches Weidenreisig auf den Biberrettungshügel zu bringen.
Mein erster Gang war also zum Rettungshügel, entlang auf dem Hochwasserdeich bis zur Abfahrt. Das Wasser war bereits so hoch, dass meine Stiefel nicht mehr ausreichten. Also Hose und Strümpfe aus und hinein in das kalte Wasser. Langsam watete ich zum Rettungshügel, ganz vorsichtig betrat ich ihn. Eine Unmenge von Rötelmäusen und Feldmäusen hatten hier Zuflucht gesucht vor den reißenden Fluten. Ruhig ging ich zur künstlich angelegten Biberröhre. Und da sah ich ihn sitzen, einen kleinen diesjährigen Jungbiber. Er saß direkt am Röhreneingang und putzte sich ganz intensiv sein durchnässtes Fell. Ich war so nah, dass ich die kleinen Nägel an den Vorderhänden und die kleinen schuppenartigen Hautplättchen der Kelle erkennen konnte. Ich wollte ihn nicht stören und meine Aufgabe bestand nun darin, Weidenäste für die Biber heranzuholen. Also ging ich genau so behutsam wieder zurück. Noch auf der überfluteten Straße watend, folgte mir der kleine Biber. Ich blieb stehen und er schwamm ganz langsam auf mich zu. Er kam immer weiter heran und ich machte mich darauf gefaßt, dass er jeden Moment mit lautem Klatschen seiner Kelle abtaucht. Aber das war nicht der Fall. Er schwamm soweit heran, bis er mit seiner kleinen kalten Nase meinen Oberschenkel berührte. Ich stand wie erstarrt und wagte mich nicht zu rühren. Dann bemerkte er wohl doch, dass ich nicht ein Angehöriger seiner Familie war. Er tauchte ganz ruhig weg und hatte mich offensichtlich für die Bibermutter gehalten. Schnell holte ich nun einige

frische Weidenzweige heran. Der gleiche Weg durch das kalte und dreckige Wasser blieb mir nicht erspart. Aber die Mühe lohnte sich. Als ich die Zweige vor dem Röhreneingang abgelegt hatte, dauert es nicht lange und der kleine Kerl war wieder da. Er hatte nun auch seine Mutter mitgebracht, die ich schon von früheren Beobachtungen kannte. Plötzlich tauchte noch ein Biberjunges auf. Alle drei Biber machten sich mit großem Heißhunger an die frischen Zweige. Ich freute mich, daß in diesem Jahr wieder zwei Junge zur Welt gekommen waren und daß sich meine Mühen gelohnt hatten. Ob der wunderbaren Beobachtungen vergaß ich sogar die kalten Beine und Füße. Ganz leise schlich ich mich wieder zurück.

Das Wasser war weiter gestiegen und das Randgebiet meiner alten Waldläuferjacke wurde nun doch noch naß. Zurückgekommen zu meinen abgelegten Sachen bot sich mir die Möglichkeit, die Biber zu fotografieren, aber ein derartige Beunruhigung für die Biberfamilie wollte ich nicht riskieren. Das Hochwasser hatte schon genügend dazu beigetragen.

Auf dem Damm zurückgehend bemerkte ich wieder neugierige Spaziergänger. Laut erzählend und einen kleineren Hund, unangeleint, wußten sie nichts von den Sorgen der Flussbewohner. Ich machte die Leute sachlich darauf aufmerksam zurückzugehen, damit die Biber nicht noch mehr gestört werden, was sie dann auch etwas unwirsch taten.

Zu oft kommt es noch vor, daß gerade durch das unbefugte Betreten der Deiche und Wälle bei Hochwasser die dort Rettung und Zuflucht suchenden Biber und andere Widtiere in die reißende Strömung getrieben werden und schließlich ermattet ertrinken.

Durch dieses kleine Erlebnis mit den Bibern, bin ich erneut bestärkt worden, weiterhin viel für den Schutz dieser seltenen heimischen Nagetiere beizutragen und viel dafür zu geben, war es doch ein Erlebnis, welches man Zeit seines Lebens nicht vergißt.

(aus: Bombina. Naturschutzverein Hils-Ith-Bergland e.V., Nr. 1/1981: Seiten 6-7)

Wie Elbebiber ihren Kopf durchsetzen – Manfred Bürger

In unserer Heimat gehört der Mittelelbe-Biber, unser größtes einheimisches Nagetier, wohl zu den vom Aussterben am meisten bedrohten Tieren. Daher traf der Magdeburger Zoo mit der Zentralen Naturschutzverwaltung der DDR in Berlin eine Vereinbarung über die Haltung und Pflege des Mittelelbe-Bibers im Zoo. Einzelne besonders gefährdete Tiere wurden eingefangen und in ein, mit Mitteln der Naturschutzverwaltung hierfür, umgebautes Zoogehege gebracht. Hier sollte, neben der genauen wissenschaftlichen Beobachtung, vor allem die Vermehrung der Biber versucht werden. Würde dies eines Tages gelingen, dann war beabsichtigt, durch das Wiederaussetzen der Jungtiere an dafür geeignete Orten den sehr gefährdeten Bestand zu vergrößern.

Wir hatten den Tieren das Gehege völlig naturgemäß eingerichtet. Ein grosses Schwimmbecken und ein noch größerer Landteil standen ihnen zur Verfügung. Unter Wasser konnten sie in ihren Bau, in ein von uns mit zahlreichen Biberkammern versehenes Haus hineintauchen. Es ist ja bekannt, daß die Biber in freier Wildbahn nur unter der Wasseroberfläche, vor den Augen eventueller Verfolger geschützt, ihre Wohnburgen aufsuchen.

Ein Pärchen hatte bald von dieser schönen Anlage Besitz ergriffen und sich eingerichtet. Frisches Pappel- und Weidenholz, das die Tiere als Nahrung und Baumaterial benötigten, wurde uns ständig nachgeliefert. Mit Nagespänen hatten sie ihre Schlafkammer dick ausgepolstert. Alles deutete darauf hin, daß sie sich in der Anlage wohl fühlten. Für die Zoobesucher war dieses Tiergehege allerdings weniger anziehend, da es sich beim Biber um ein nachtaktives Tier handelt, das den Tag im Bau verschläft.

Eine Tages bemerkten wir, daß die Biber nachts zahlreiche Stämme und Zweige in einer Ecke am Rand des Schwimmbeckens angehäuft hatten. Gespannt warteten wir auf den Fortgang der Dinge. Jede Nacht wuchs der Haufen, der durch einige längere, geschickt angebrachte Hölzer über den Beckenrand und die Wasseroberfläche ragte. Dann nagten sich die Biber allmählich vom Wasser her in diesen Holzhaufen hinein. Nun wurde uns klar: Sie bauten sich ein Eigenheim – eine Biberburg. Sie schafften Erde, Stroh, Schlamm und Gras herbei und dichteten und polsterten. Und dann wohnte man „bei Bibers" mal im Bau, mal in der Burg – wie eine Menschenfamilie, die neben ihrer Stadtwohnung noch einen Wochenend-Bungalow besitzt. Wir hatten zwar eine echte Biberburg im Zoo, aber es war uns doch nicht recht. Wir wollten ja die Biber beobachten. So aber entzogen sie sich unseren neugierigen Blicken. Sie hatten ihren Kopf durchgesetzt. Nur deshalb, weil wir sie nach wie vor im Bau weiterfütterten, kamen sie regelmäßig dorthin, um ihre Nahrung zu verzehren.

(aus: Manfred Bürger, Zootiere wie wir sie erleben. Berlin, Deutscher Landwirtschaftsverlag, 1975, Seiten 21-22)

Besuch bei Bibers – Frigger

Biber Bernd baut Biberdamm beim Bohnenfeld. Biberfrau beaufsichtigt Biberkinder, bis Biberkind Bubi Bauchweh bekommt. Bibervater beginnt Bauchklopfmassage. Bubi bricht Batzen Bohnen. Beinahe bekommt Bibertochter Bianca Brechreiz. Biberfrau Berta beseitigt Batzen, bevor Besuch

bimmelt. Beleibte Bibertante Brunhilde bringt braunes Bockbierfass. Bibervater Bernd bestellt bei Bibermutter bauchigen Bierkrug. Bevor Bibermänner Besäufnis beginnen, besorgt Biberfrau Bratkartoffeln, brutzelnde Bratwurst, Butter, Brot, Blutwurst. Biberkinder bekommen Buttermilch. Bubi bleibt bei Blütentee.
Beim Brettspiel beschummeln Biberkinder Besuch. Bibervater bemerkt Beschiss, beantragt baldige Bestrafung. Bubi beschuldigt Bianca. Bianca bestreitet Betrug. Biberkinder besteigen bockig, beleidigt Betten. Betreiben Budenzauber bis Bibervater bitterböse brummig beide bläut.
Biberfrauen besticken blütenweißes Baumwolltuch. Besonders beachtenswert: blaue Borte. Bibermänner betrachten begeistert bunte Bilder. Beide bestaunen berühmte Ballettmädchen: besonders biegsame Beine, beweglichen Bauch, bildschöne Busen. Biberfrauen beobachten besorgt betörende Betrachtungen. „Bier beseitigen!" befehlen beide.
Bibertante beschließt: Bald Besuch beenden. Bibereltern begleiten Besuch bis Bahnhof, Bahnsteig B. Bummelzug befördert Besuch billig bis Bad Bebra. Bevor Bibermutter beduselten Bibervater betulich bettet, bekommt Bubilein Bussel. Befriedigt besteigt Bibermutter Berta Bett.

(www.frigger.de – Frigger´s humorige Seiten)

Der schiefe Baum – Meleen

Eines schönen Tages, hinter den Feldern von Schaffhausen, sitzt ein Biber am Rande eines Brunnens und weint bitterlich. Zur gleichen Zeit, im Walde des Dorfes, schleicht ein Fuchs durch die Bäume auf der Suche nach einem saftigen Leckerbissen. „Also hier im Wald finde ich nichts", sagte sich der Fuchs, „dann werde ich wohl zu den Feldern müssen, vielleicht versteckt sich im Weizen ein saftiges Karnickel."
Der Fuchs macht sich auf den Weg. Er kommt am Waldrand an und blickt über die Felder. Doch plötzlich erblickt er sein Mittagessen, das an einem stillgelegten Brunnen sitzt.
„Oh ja, einen Biber habe ich schon lange nicht mehr gefressen, diese Typen sind meist auch zu zäh, aber bei der Hitze finde ich wohl eh nichts besseres", denkt der Fuchs schelmisch. Langsam und mit List nähert sich der Fuchs dem Brunnen, so dass der Biber es wohl nicht bemerken würde.
Doch plötzlich dreht sich der Biber um und guckt dem Fuchs direkt in seine gierigen Augen. „Ich habe dich schon lange gesehen Fuchs, ich werde nicht weglaufen, denn meine einzige Hoffnung liegt dort unten in diesem Brunnen."

Der Fuchs, vollkommen verwirrt vom Mut des Bibers, bleibt auf der Stelle stehen und schaut sich um. „Das ist ein Hinterhalt", denkt er sich, „gleich wird ein Baum auf mich herabstürzen, den der Biber angenagt hat. Ich muss mich vom Waldrand entfernen." Doch plötzlich fragt der Biber: „Fuchs, du bist schlau, kannst du mir nicht helfen, meine Axt aus dem Brunnen zu holen?" – „Deine Axt", fragte der Fuchs nun noch verwirrter als zuvor. „Wozu braucht ein Biber ein Axt? Du hast nicht umsonst gute Zähne Biber, du führst doch was im Schilde mit mir?!"

„Nein Fuchs, sieh her. Ich bin alt, ich habe meine Zähne leider schon verloren. Ich bin hier nach Schaffhausen gekommen, weil ich gehört habe, dass es hier die schärfsten Äxte des Reiches gibt. Es war ein langer Weg und die Axt zu stehlen war nicht einfach. Ich wollt mich nur an diesem Brunnen ausruhen, doch dann ist die Axt hineingefallen und die Kraft, mir eine neue Axt zu holen habe ich nicht."

Der Fuchs, immer noch skeptisch sagt: „Aber Biber, wenn du deine Zähne verloren hast auf Grund deines Alters, dann solltest du doch langsam begreifen, dass du keine Bäume mehr fällen kannst. Die Dämme sind fertig. Warum willst du unbedingt die Axt?"

„Fuchs, das will ich dir sagen. Hinter dem Wald liegt mein Zuhause, es wird bedroht durch einen Baum, der so schief steht, dass er bald auf mein Haus fallen wird. Meine Frau und ich sind beide schon lange im Ruhestand. Auch sie hat keine Zähne mehr. Wir können aus eigener Kraft weder den Baum fällen noch uns ein neues Haus in einer anderen Gegend bauen. Ich brauche also die Axt, um uns zu retten."

Der Fuchs, völlig ungerührt von dieser Geschichte, fragt: „Wie kommst du darauf, dass ich dir helfen würde?"

„Ihr seid so schlau. Nur ihr wisst, wie ich die Axt hochholen kann. Da der Brunnen leer ist, kann ich es nicht mit dem Schöpfeimer versuchen. Ich bin ratlos."

„Was bekomme ich dafür?", fragte der Fuchs.

„Ich habe nichts, dass euch befriedigen würde, es tut mir leid."

Der Fuchs dachte eine Weile nach…

„Biber, ich helfe dir die Axt hoch zuholen und ich trage dich auf meinem Rücken sogar zu deinem Haus zurück, dann bist du schneller.

„Oh, Fuchs, ich danke dir. Gesegnet seist du."

Doch der Fuchs hatte Hintergedanken: „Ich habe am Ende der Reise sogar zwei Leckerbissen", dachte er im Stillen.

So fing der Fuchs an, dem Biber seine Idee zu erzählen.

„Biber setz dich in den Eimer und fahre in den Brunnen hinab. Nimm deine Axt und ich ziehe dich dann wieder hoch."

Der Biber, hocherfreut, dass dieses Abenteuer doch noch gut endet, tat, was der Fuchs ihm sagte und so hatten sie wenige Augenblicke später die Axt aus dem Brunnen geborgen.

„So, nun sag mir wo du wohnst", sagte der Fuchs innerlich grinsend.

Nach wenigen Stunden, der Biber hätte dafür fast zwei Tage gebraucht, kommen die beiden hinter dem Wald von Schaffhausen auf eine große Wiese. Der Fuchs erblickte sofort den Baum. Er stand wirklich drohend schief. Die Frau des Bibers erscheckte gar fürchterlich, als sie den Fuchs vor der Tür erblickte, doch der Biber erzählte sofort die Geschichte ihres Zusammentreffens. Frau Biber war begeistert und sie präsentierte sogleich ein langes Tau, welches sie mit viel Mühe geflochten hatte, während der Biber auf Reisen war.

„Dieses Tau sorgt dafür, dass wir den Baum in die richtige Richtung lenken können", sagte sie stolz. „ich werde nun ein Klopfzeichen geben, so dass all unsere Freunde herkommen und beim Ziehen helfen."

Wenig später standen viele Tiere des Waldes und der Wiesen um den Baum herum und freuten sich, dass die Familie Biber bald nicht mehr in Angst leben müsse. Sie packten alle das Tau und Herr Biber machte sich daran die Axt zu schwingen.. Hieb-hieb, hack-hack und der Baum ergab sich. Alle Tiere zogen so kräftig sie nur konnten und der Baum wandte sich vom Biberhaus ab und krachte an anderer Stelle zu Boden.

Die Tiere jubelten und lachten – sie freuten sich so sehr – sie tanzten und sangen.

Überwältigt von so viel Hilfsbereitschaft und Freundschaft senkte der Fuchs den Kopf und schämte sich seiner bösen Hintergedanken.

„Was bedrückt dich Fuchs, „fragte der Biber.

Der Fuchs schaute auf: „Ach, nichts Biber, du hast tolle Freunde!" und so lachte der Fuchs und begab sich zu den tanzenden Tieren des Waldes und der Wiesen.

(www.storyparadies.de)

Die Geschichte von zwei kurzsichtigen Bibern – Anonym

Es waren einmal zwei kleine Biber, Atze und Batze, die kamen auf ihrer Wanderung an einen See, wo es viele Tiere gab. Mr. White, der Schwan, wohnte dort mit seiner Frau und sechs seiner Kinder. Sie lebten friedlich wie alle anderen dort. Nun, Atze und Batze, hatten ein Problem. Sie konnten nicht richtig sehen, denn sie waren kurzsichtig.

Aber dieser See gefiel ihnen. Er wurde von einem Fluss durchquert, der immer für frisches Wasser im See sorgte. Da auch noch kein anderer Biber hier am See wohnte, beschlossen beide hier zu bleiben und ihre Burg an diesem schönen Ort zu bauen.

So suchten sie einen großen Baum als Grundstein für ihr neues zu Hause. Endlich hatten sie einen gefunden und sofort begannen sie ihn zu benagen. Doch plötzlich schrie jemand: „He, ihr da unten, stört mich nicht beim Schlafen!" Völlig erschrocken schauten die kleinen Biber auf. „Wer, wer ist da?", rief Atze. „Ich wohne hier, ihr Trottel, mich nennt man ‚Den Weisen' und ich wohne hier im Astloch", rief die Stimme herab zu ihnen. Sie sahen einen Schatten davon fliegen und erkannten eine alte Eule. „Oh, das wollten wir nicht, tut uns leid", entschuldigten sich die kleinen Biber und hörten auf mit der Arbeit.

„Dann suchen wir einen anderen Baum, hier gibt es ja genug", sagten sie zu sich. Gesagt, getan. Sie fanden einen neuen Baum und begannen nun diesen zu bearbeiten. „He, ihr Chaoten da unten! Wollt ihr, dass meine Kinder runterfallen!" rief plötzlich empört eine Stimme zu ihnen herunter. „Oh nein, nur das nicht!" riefen die Biber erschrocken und schon landete ein Reiher neben ihnen. „Verschwindet … und hört auf den Baum zu fällen!" krächzte er. Ängstlich rannten die Biber davon. Sie suchten noch einen neuen Baum, aber auch beim nächsten und übernächsten, immer schon wohnte jemand darin. Mal war es ein Rabe, dann waren es Hummeln oder Hornissen, ein Specht oder die Käfer. Immer störten die Biber, aber sie wollten doch wirklich niemandem etwas zu Leide tun.

„Ich glaube wir sind hier zuviel, wir sollten woanders hingehen", sagte Batze zu Atze, „keiner hier mag uns noch." Einen Versuch machen wir noch. Es muss doch einen Baum geben, wo noch keiner drin wohnt", sagte Batze zu seinem Bruder. So beschlossen sie es noch einmal zu versuchen … und sie fanden einen Baum.

Was war das für ein Baum. Er war groß, zwar nicht dick, aber sehr stabil, sie konnten ihn sogar einfach davontragen. Wie einfach nun alles war, nach der Mühe und dem Ärger mit den anderen Bäumen. Die kleinen Biber konnten es garnicht fassen, was plötzlich geschah. Auf einmal kamen alle Tiere zu ihnen und halfen mit, den Baum davonzutragen. Auch die, die sie vorher beschimpft hatten, waren dabei und halfen.

„Was, was ist den jetzt los?", fragten sie völlig erstaunt und schauten einander an. „Oh, ihr seit Helden, wie mutig ihr doch seit!" rief die Eule. Der Reiher brachte Äste für ihre Burg und auch die anderen Tier brachten Baumaterial. „Was, was haben wir denn gemacht?", fragten sie schließlich die Tiere.

„Ach", lachte die Eule und auch die anderen Tiere lachten. „Ihr habt den Hochsitz des Jägers mitgenommen und als Grundstein für eure Burg benutzt. Jetzt ist endlich Frieden hier am See," freuten sich alle Tiere. Von diesem Tag an waren die Biber und die anderen Tiere am See sicher vor dem Jäger und sie lebten glücklich und friedlich zusammen.

(www.naturbeobachtung.de)

Gefahr am Biberdamm – Anni Poisinger und andere

In einem kleinen, ruhigen Wäldchen, an einem still dahin fließenden Fluss, siedelte sich eine Biberfamilie an. Der Bibervater Keo und seine Frau Kea mit den beiden Kindern Maluk, das war der Junge, und seiner jüngeren Schwester Kalea.
Unterhalb einer schönen Waldlichtung bauten sie eine Biberburg und einen Biberdamm, der von nun an ihr Zuhause war. Der Bau war gut befestigt und einige Vorräte, wie verschiedene Feldfrüchte und Kräuter waren auch schon auf den Vorratsflößen vor dem Bau angelegt. So nahm sich die Familie an einem schönen Spätsommernachmittag einmal Zeit und setzte sich gemütlich am Ufer in die abendlichen Sonnenstrahlen, um ein bisschen auszuruhen.
Sie betrachteten zufrieden ihre neue Heimat, als plötzlich ein starker Wind aufkam. Es blitzte und gleich darauf zerriss ein lautes Donnergrollen die Stille im Wald. Der Himmel verdunkelte sich und es begann aus heiterem Himmel zu regnen.
Bibervater Keo gebot seine Frau Kea zur Eile, damit sie ihre Kinder in den sicheren Biberbau bringen konnten. Kaum im trockenen Bau angekommen, brach draußen ein gewaltiges Unwetter herein. Der Wind peitschte die Wellen des Flusses mit roher Gewalt gegen die Uferböschung, so dass das dumpfe Getöse im Bau noch gut zu hören war. Kalea schmiegte sich ängstlich an die Bibermama. Keo, der Bibervater versuchte die Anderen zu beruhigen, als Maluk aufmerksam nach draußen horchte.
Es goss in Strömen, als hätte der Himmel seine sämtlichen Schleusen geöffnet und das Wasser im Fluss stieg bedrohlich schnell an. Bald schon stand die kleine Waldlichtung unter Wasser.
Maluk spitzte die kleinen Biberöhrchen: „War da nicht ein Geräusch? Hatte da nicht etwas geknackt? Und – warum wurden plötzlich seine kleinen Pfoten nass?" fragend blickte er zu Papa, Mama und Schwester Kalea. Keo der Bibervater erkannte augenblicklich die Gefahr und stieß einen schrillen Pfiff aus, der so viel bedeutete wie: Sofort raus aus dem Bau!
Kaum waren sie draußen, da peitsche eine große Welle auf und riss den Biberbau und den Damm mit sich fort. Auf einem kleinen Hügel, nahe der Waldlichtung, fanden sie unter einem dichten Gebüsch halbwegs Unterschlupf, bis das Unwetter weiterzog.

Als sich die dunklen Wolken verzogen und die ersten Sonnenstrahlen wieder durch blinzelten, wagte Keo sich als Erster hervor um die Lage zu erkunden. Er traute seinen Augen nicht, denn ihr Zuhause war völlig zerstört! Das Hochwasser hatte ein riesiges Loch in den Damm gerissen, der Bau stand völlig unter Wasser und die mühsam gesammelten Vorräte waren weggespült. Mutter Kea war verzweifelt, wo sollten sie mit ihren Kindern jetzt wohnen? Kalea und Maluk waren ja noch zu klein um zu helfen und der Herbst stand auch schon bald bevor! Große Ratlosigkeit herrschte.

Da beschloss Keo den Fluss auf- und abwärts abzusuchen, ob sich vielleicht noch anderswo Biberfamilien angesiedelt hätten, die von dem Unwetter verschont blieben und ihnen beim Wiederaufbau der Burg helfen konnten. Da er nun einige Zeit weg sein würde, nahm er Maluk zur Seite und sagte: „Mein Sohn, kurz vor dem Unglück im Biberbau ist mir aufgefallen, dass du ein sehr gutes Gehör hast. Spitze deine Lauscherchen, pass gut auf und warne deine Mutter und Kalea vor Gefahr!"

Zwei Tage lang war er unterwegs. Kea und Kalea befürchteten schon das Schlimmste, da bewies Maluk, dass er gar nicht mehr so klein war. Er beruhigte Mutter und Schwester, passte gut auf und fing schon eifrig an Kräuter und Feldfrüchte aus der näheren Umgebung zu sammeln, wie er es von seinem Vater gelernt hatte.

Nach zwei Tagen Hoffen und Bangen kehrte Keo endlich zurück. Hinter ihm schwamm eine ganze Gemeinschaft Biber, die sich weiter flussabwärts in einem Seitenarm angesiedelt hatten. Es waren ungefähr 30 Biber, die von den reißenden Wassermassen verschont blieben. Gemeinsam gingen sie ans Werk. Da der Wasserstand wieder normal hoch war, konnten sie mit dem Neubau des Dammes gleich beginnen. Am Ufer wurde fleißig genagt, bis genügend Äste beisammen waren. Rasch war der Damm wieder befestigt und eine neue Wohnhöhle gebaut, die jetzt ein bisschen höher lag, falls das Wasser wieder einmal steigen sollte.

Kalea half ihrer Mutter fleißig in der Wohnhöhle und Keo war sehr stolz auf Maluk, der so gut er eben konnte, beim Dammbau mithalf. Gemeinsam mit den Bibern aus der Nachbarschaft war die Arbeit bald fertig gestellt. Zuletzt brachte noch jeder etwas von seinen Vorratsflößen mit. Sie teilten ihre Vorräte und so hatte auch Keo´s Familie genug. Nun konnten auch der Herbst und der Winter kommen.

Keo, Kea, Maluk und Kalea feierten zum Dank mit den anderen Bibern ein fröhliches Fest bis in die Morgenstunden.

Keo betrachtete seine Kinder und dachte im Stillen: „Maluk hatte sich in der gefährlichen Situation sehr geschickt angestellt und auch die jüngere Schwester war ein bisschen erwachsener geworden. Noch zwei Jahre im

Biberbau, dann werden sie auf die andere Seite des Teiches hinüber schwimmen, wo neue Abenteuer auf sie warten.

(aus: Der Biberling, 03/März 2008, Niederösterreichische Pfadfinder und Pfadfinderinnen; Seiten 8-10)

A Beaver Tale – John O. Johnson

During our first year at Beaverlodge* there was practically no recreation other than what we created ourselves. It was always interesting to walk down to the River, and try if we could, to watch the beavers at work, as they came out in the evenings to commence their activities. At one particular spot, overlooking a thirty foot cut bank there, it gave us the best view. Absolute quit was necessary, as the buck beaver was usually on guard, and would swim around below us. If we were detected, and we usually were, he´d slap his broad scaly tail on the water, as a danger warning to the colony. We were often out smarted.
One evening buck went out to cut down a tree, and daughte Beaverette followed, and watched her dad chew down the tree with his sharp teeth. Finally the tree fell, and buck beaver sat down beside the stump, to review accomplishments.
Beaverette snuggled up to him, and by way of encouragement she said, "Papa we have never had it so good as we have had it here, have we?"
"Daughter, are you throwing the wood at me?"
"Why of course, but right now we are in the chips."
   *Beaverlodge ist eine kleine Stadt in Alberta, Canada

A Beaver Tale (revised) – John O. Johnson

When buck beaver, paddled out from his dam, his daughter Beaverette followed. She sat, nearby while her father, chipped away with his sharp incisors. When, the toppled he sat down, beside the stump feeling tired, and dejected. Beaverette, snuggled up to him surmising her father´s thinking.
"Daughter, you know, we have all worked hard yet, we are so poor we have to live, in an old water logged wood pile."
"That´s true dad but our luck, has changed. You know, right now, we are in thechips."

(aus: John O. Johnson, Beaver Chips, 1908 & 1909, Beaverlodge Centennial 1909-2009, herausgegeben von Elizabeth Konshak, Wembly, Alberta)

Heimliche Holzfäller – Erich Ecke

Nanni wäre ja am Nachmittag gern mitgekommen, doch mit Rücksicht auf ihre Gesundheit, die nicht immer vom besten war, blieb sie bei der Tante zurück. Das tat mir leid, aber Onkel sagte, es sei besser so; denn der Marsch wäre zu beschwerlich für sie, und wir würden möglicherweise nicht vor Mitternacht zurück sein.

Unterwegs eröffnete er mir zu meiner größten Überraschung, daß er auf einen mächtigen Keiler, also einen Großpapa unter den Wildschweinen, ansitzen und bei gutem Aufkommen einen Abschuß in meinem Beisein wagen wollte. Das sei nichts für ein so empfindsames kleines Mädchen, wie mein Schwesterchen, aber mit mir könnte er es ja wohl schon mal versuchen…

…Das Wetter hatte sich völlig beruhigt. Sonnenglast überzog das Tiefland in seiner farbenprächtigen Schönheit. Das Blau des Himmels spiegelte sich in den stillen Wassern der Sümpfe, an deren Rand wir nunmehr schweigsam dahingingen.

Hier gab es weder Weg noch Steg. Das Röhricht stand so hoch und dicht, daß ich nicht darüber hinwegsehen konnte.

Erst am Biberdamm, einem alten Flutwall, der die Sümpfe in unregelmäßigen Windungen diesseits und jenseits der Auwälder durchlief, wurde der Blick frei.

Zu beiden Seiten des Dammes, inmitten einer versteckreichen Schilfwildnis, die von Wildenten, Fischreihern und Rohrsängern belebt wurde, deutete Onkel auf die Spuren jener seltsamen Tiere hin, die hier, an den Altwässern zwischen Elbe und Mulde, Zuflucht und Schutz gefunden haben.

„Das ist die Arbeit der letzten deutschen Biber, die wir ja schon im Frühjahr beim Ausbessern ihrer Wasserburg da drüben belauscht haben. Meist nehmen sie zur Nahrung mit der Rinde und den frischen Trieben junger Weiden und Pappeln fürlieb, doch schrecken sie, wie du siehst, nicht vor starken Bäumen zurück, die sie fachkundig mit ihren scharfen Schneidezähnen Span um Span fällen."

Vor uns lag der Stamm einer Esche von mehr als dreißig Zentimeter im Durchmesser, die ein Biber nächtlicherweise geschlagen hatte. Die Äste waren zum größten Teil schon abgenagt und abgeschleppt. Überall sahen wir das Wirken der heimlichen Holzhauer, die sich in dieser Abgeschiedenheit wohl fühlten.

„Die beiden Altbiber sind jetzt meist in Gesellschaft ihrer zwei halbwüchsigen Jungen. Es ist nicht ausgeschlossen, daß wir die Familie vollzählig in der Nähe des Baues antreffen. Du sollst mal beobachten, wie sich

die Kleinen im Wasser tummeln und wie altklug sie sich schon benehmen. Wir müssen aber vorsichtig sein. Also komm!"
Auf Pirschgängen erlaubte der Onkel nur eine Unterhaltung im Flüsterton. Beim Anschleichen durfte überhaupt kein Wort mehr gewechselt werden. So auch jetzt.
Wir zogen nun auf der der Wasserburg gegenüberliegenden Seite des Flutwalles, oberhalb der Schilfgrenze, entlang und vermieden es peinlich, auf trockene Zweige zu treten, damit die Biber nicht vorzeitig gewarnt wurden.
Eine Blutbuche, die ihre Äste weit über den Damm hinausstreckte, war unser Richtbaum. Von hier krochen wir langsam nach einer von Himbeeren umwucherten Weißdornhecke, hinter der wir den Biberbau bequem überblicken konnten.
Vor uns ragte ein wirr übereinander geschichteter, umfangreicher Holzstapel von abgeschälten Zweigen und Ästen aus dem Wasser, an dem es zunächst nichts weiter zu entdecken gab, als daß sich der Wasserspiegel auffallend bewegte.
Wo Bewegung ist, muß auch Leben sein, dachte ich, und heftete meine Augen gespannt auf diese Stelle.
Nach einiger Zeit steckte ein sonderbares Geschöpf seinen breiten, nach dem Schnäuzchen schmaler werdenen Kopf, zu dem ein ebenso dicker wie kurzer Hals gehörte, aus dem Wasser.
Das Hervorstechendste in diesem Tiergesicht waren aber die langen und starken Schnurrhaare, die wie ein Bart wirkten, von dem das Wasser tropfte.
„Der Alte!" raunte mir Onkel leise ins Ohr. „Paß auf, jetzt folgen die Jungen mit der Mutter."
Nachdem der erst so miesepetrich aus dem Wasser äugende Papa vor dem Bau einen Ehrenrunde geschwommen war und sich von der Reinheit der Luft überzeugt hatte, klatschte er plötzlich mit seiner flachen Kelle und steuerte damit geradewegs ins dürre Ried, wo sich ihr Wechsel befand.
Sobald der Biber das Ufer erreicht hatte, schüttelte er den dunkelbraunen Pelz, setzte sich auf sein Hinterteil und zog mit den fünfzehigen Vorderbranten, die wie langfingerige Hände aussehen, einen Weidenzweig herunter, den er mit einem Biß abschnitt.
Diese Arbeit wiederholte der Alte mehrmals.
Nachdem er eine Anzahl saftiger Ruten neben sich liegen hatte, trottete er wieder ans Wasser.
Mit dunklen Augen blickte der Vereinsamte etwas verärgert nach dem Bau hinüber. Dann stieß er einen fast stöhnenden Laut aus, der wohl heißen sollte: „Na, wo bleibt ihr denn?"
Ob Frau Biber das ungeduldige Gehabe ihres Männchens von ihrer über dem kleinen See gelegenen Behausung wahrgenommen hatte?

Jedenfalls vernahmen wir auf einmal ein Glucksen. Gleich darauf tauchten hintereinander drei Köpfe auf: die Bibermama in Begleitung ihrer beiden Sprößlinge.

Mit langgestreckten Körpern ruderten sie auf das Familienoberhaupt zu, das nun zufrieden voranwatschelte, um sich an der von ihm fürsorglich gedeckten Tafel niederzulassen.

Die Kleinen kamen zuerst ans Ufer, schnupperten mit ihren Stupsnäschen gehörig in den Wind und wackelten dann gehorsam mit der nachfolgenden Mutter zur Einnahme des dargebotenen Mahles.

Es war ein seltenes Bild, wie sie alle vier, auf die Hinterläufe gestützt, so einträchtig in der Runde hockten und mit geübten Händchen die Weidenruten drehten.

Als aber der eine Biberjüngling sich erlaubte, nach einem vom Vater in Verzehr genommenen Zweig zu greifen, empfing er von diesem eine derbe Ohrfeige, so daß er es vorzog, sich auf eine respektvollere Entfernung zurückzuziehen.

Gar zu gern hätte ich noch länger dem Treiben dieser heimlichen Holzfäller vom Uhlenstein zugeschaut, Onkel mahnte jedoch zum Aufbruch. Er rutsche bereits nach hinten den Wall hinunter.

Als wir den Biberdamm wieder verlassen hatten und auf einer schmalen Schneise in den etwas höher gelegenen Wald abbogen, trat ein aufregendes Ereignis ein…

(aus: Erich Ecke, Revier Uhlenstein, Mitteldeutsche Druckerei und Verlagsanstalt, Halle/Saale, 1948: Seiten 10-15)

When Beaver Was Very Great – Ann M. Dunn
Eine Legende der Ojibwa-Indianer

It happened in the long, long ago that Beaver was very great. He walked upright and stood as tall as the tallest man. Furthermore, Beaver was highly intelligent and deeply spiritual. Beaver had the ability to improve his environment and make it more hospitable for many other animals, too.
Beaver established communities of families that worked together to build great earthen lodges. Beaver did not have to make robes or clothing of any kind because they were blessed with furcovered bodies. Beaver had wonderful long sharp teeth, which allowed them to fell large trees with ease. Beaver often cut trees for their human neighbors…whom Beaver had grown to pity. In exchange, Beaver asked only for the tender bark and twigs to store for winter food. During warm weather, Beaver probed the bottom of lakes and rivers for roots and relished many kinds of greens. Beaver made

long canals and built fine roads throughout their territory, which made transport and travel easier. They shared the canals and roadways with their neigbors.

The Anishinabe leaned many good things by observing Beaver. Beaver bathed several times a day. Soon people adopted these habits of cleanliness and good grooming practices.Beaver was execellent parents and raised respectful, industrious children. So the Anishinabe imitated Beaver´s parenting skills. Beaver worked hard to accomplis good deeds that would benefit the entire community. They did not quarrel and fight among themselves and did not make enemies of their neigbors. They experienced no jealousy when others excelled. Therefore, as time went on, the beaver prospered more than people. So a delegation of men went to Creator and reminded him that he had promised that they would be the greatest of all created beings. Then they pointed out the Beaver had surpassed people in many things. The people demanded that Creator do something to restore their original role and reduce the status and power of Beaver. Creator said, "If people need and advantage over Beaver in order to surpass him, I will limit Beaver´s stature and cause him desire to live only in and on the water." The delegates were satisfied and returned to their lodges.

Beaver did not dimished all at once, but each generation became smaller than the once before, and after many years they have become the Beaver we know today. But Creator allowed Beaver to retain all of their previous skills. They are still intelligent, industrious, and generous. They still work together to modify their habitat and build secure lodges, which they share with extended families. They are still affectionate, considerate and kind. They do not fight or quarrel among themselves and have only a few enemies.

Beaver´s greatest enemy is Man. Man…who learned so many things from our brother, but dailed to learn the important lesson of building inclusive comminities. Because of Beaver´s character and former greatness, The Anishinabe believe that they are still worthy of great respect. Therefore, it is dishonorable to allow a dog to eat beaver flesh, for the dog has never been as great as Beaver…nor can it ever be.

(aus: Beaver Ecology, Upham Woods, Outdoor Learning Center, 2003)

Gedichte, Reime und Lieder

Der Biber – Jost Amman & Hans Bocksperger

Hie sichst ein fetten Biber sitzen /
  Vor einem Baum deß Sees spitzen.
Sein Schwantz hengt er inns Wasser nein /
  Damit er fähet die Speise sein.
Gut Fisch seim Schwantz zu thun schwimmen /
  Auf keinen Baum thut er klimmen.
Sondern hawt diesen morsch entzwey.
  Man ließt / daß sein Galle nütz sey /
Für Schwindel / Zittern / Lähmung / Gicht /
  Auch anderm / so es wirdt zugericht
In Artzney / Auß dem Balgk sein
  Macht man Hauben / gar hüpsch vnd fein.

Der Biber / den du hie ansichst /
  Ein Feinde aller Fische ist.
Ein Baum wirfft er mit den Zänen sein /
  Den führt er vnters Wasser nein.
Ein Gmach thut künstlich bauwen mit /
  Darinn er stäts auff vnd ab tritt.
Vier Böden er auff einander macht /
  Darinn er wohnet Tag vnd Nacht.
Vnd allezeit sein Fischschwantz henckt /
  Nach dem als sich das Wasser senckt.
Ist es tieff / herauff er fleucht /
  So es dann klein / hinab er weicht.

(aus: J. Amman & H. Bocksperger, Thierbuch, Frankfurt/Main, 1592)

Der Biber baut Kanäle! – Heinrich Seidel

Heil, unser Biber baut sein Haus
Ganz wie dem Yankee seiner!
Er hat ja auch die selbe Laus,
Und nun wird´s immer feiner,
denn Hermann Friedrich hat´s durchschaut
Daß er wie jener Straßen baut,
drum freu dich, deutsche Seele:

Dein Biber baut Kanäle!

Nun hat der Yankee nichts voraus,
Drob er sich hämisch freue:
Des deutschen Bibers Haus und Laus,
Desgleichen seine Schläue
Sie werden jetzt nicht mehr besiegt
Dort, wo das Sternenbanner fliegt,
Drum freu dich deutsche Seele:
Dein Biber baut Kanäle!

Seht, was der deutsche Biber kann,
Ein Künstler und ein Kenner!
Da nehmt euch mal ein Beispiel dran,
Ihr klugen deutschen Männer.
Und geht die große Frage um,
Bedenkt, der Biber ist nicht dumm,
Ist eine schlaue Seele:
Der Biber baut Kanäle!

(aus: G. Hinze. Der Biber. Berlin, Seite 199; Originalquelle „Der Tag", Berlin, Nr. 291 vom 25. Juni 1902)

Biber und Wels - Anonym

Es lebte ein Biber bei Hamm,
der ständig im Kreise nur schwamm;
ihm juckte der Pelz
drum riet ihm der Wels:
„Benutze doch einfach ´nen Kamm!"

(www.paperbog.de)

Fischlein und Biber – Burkhard Stender

Das Fischlein einst den Biber fragte,
warum das Bächlein wohl verharrte.

Darauf der Biber sagte: Schau,
es liegt an meinem Wasserbau.

Das Fischlein wurd darauf verdriesslich,
das Bächlein sollte fließen schliesslich.

Das war dem Biber schnurzegal
wer Luxus liebt hat keine Wahl.

(aus: e-stories.de)

Wie der Biber zu seinem Plattschwanz kam – Ingo Baumgartner

Den dicken Stamm dort, sagt der Biber,
den hätt ich massemäßig lieber.
Er setzt den harten Nagezahn
So schätzungsweise kniehoch an.

Es fliegt der Span, der Baum zeigt Wunden,
er fällt nach zwei, drei Kerbschnitzrunden
und zwar dem Biber auf den Schwanz
gelenkt von höherer Instanz.

Man kennt die Kelle her von Bildern,
wohl müßig dies genau zu schildern.
Doch wie es zu dem Plattschwanz kam,
erläutert dieses Melodram.

(aus: Die Deutsche Gedichtebibliothek im Internet)

Der Otter und der Biber - Anonym

Der Otter und der Biber,
die tanzten einen Schieber.
Da sprach der Biber: „Otter,
beweg dich doch mal flotter!
Du trampelst mir beim Schiebertanz
dauernd auf den Biberschwanz!"
Liebe Maus, aus diesem Grund
Ist des Bibers Schwanz nicht rund,
sondern er ist breit und platt,
weil wer drauf rumgetrampelt hat.

(aus: Augsburger Allgemeine, 19. Mai 2012, nach Wolfgang Zöttl)

Der Biber – Detlef Thiele

Ein Biber nagte an ´nem Stamm,
er brauchte ihn für seinen Damm.
Er nagte viele tausend Mal,
doch war´s dem Stamm scheinbar egal.

Er biß und zerrte voll Elan,
die Arbeit schlug nun um zum Wahn.
Das Blut kam mehr und mehr ins Wallen
und doch wollte der Stamm nicht fallen.

Er änderte die Strategie
und biß sich prompt ins linke Knie.
Frustriert zog er zuletzt davon.
Na ja, der Stamm war aus Beton.

(aus: nasowatt.de)

Schaut ihn an, den Biber - Anonym

Schaut ihn an, den Biber!
Trinkt er, wird er lieber.
Doch mit seinem flachen Schwanz,
misslingt die Paarung voll und ganz.

(www.kraehse.de)

Unnötiger Kummer – Gerhard Borkenhagen

Am Bachrand einmal trafen sich
ein Igel und ein Biber.
Das freute beide königlich,
und nichts war ihnen lieber.

Doch dann zog seine Stirne kraus
der Igel, und er weinte,
er nahm sein Taschentuch heraus,
dann schneuzt er sich und meinte:

„Ihr andern habt es alle gut,
nur ich muß mich genieren,
ob ich auch koche gar vor Wut,
glückt mir nicht das Frisieren.

Ich ärgere mich schon im Bette,
daß ich seh´ widerborstig aus,
und bei der Morgentoilette
dem Kamm fall´n alle Zähne aus.

Und spielt man sonntags auf zum Tanz,
muß ich zu Hause bleiben:
denn nicht die Spur von Eleganz
ist mir noch zuzuschreiben."

Da sprach der Biber: „Freund, hör zu.
Dein Jammer wird verklingen,
genau wie ich wirst du im Nu
dein Borstenhaar bezwingen.

So wie mein Kopfhaar seidenglatt
von selbst sich legt bequem und nett,
werden auch deine Stacheln weich,
verwendest du Frisierkrem „glätt!""

(aus: Das Magazin, Heft 9/1959, Seite 75; Inserat Werbung für Frisiercreme)

Biber Gedicht – lgBienli99

Hoi zäma
In dr Schual hend miar Thema Biber,
und miar hend müassa as
Gedicht dazua schriiba. Miis Gedicht:

Wer braucht viel Stämme?
Und baut daraus ganz viele Dämme?
Wer braucht für seine Räume,
ganz viele große Bäume?
Wissenschaftlich ist es der Castor fiber,
Ganz genau, es ist der Biber!

Und wia finden iar das Gedicht?

(www.zambo.ch)

Aus: Der Pfahlmann – Joseph Victor Scheffel

Drum lernt ich vom biederen Biber
Und stelle als Wohnungsbehilf,
Je weiter vom Festland je lieber,
Den Pfahlbau in Seegrund und Schilf.

(aus dem Gedicht Der Pfahlmann, Die Deutsche Gedichtebibliothek im Internet)

Meine Biber haben Fieber

Meine Biber haben Fieber, oh die Armen
Will sich keiner denn der armen Tier erbarmen?
Meine Biber haben Fieber, sagt der Farmbesitzer Sieber
Hätt´ ich selber lieber Fieber und den Bibern ging es gut.

(1. Strophe aus dem Lied „Meine Biber haben Fieber")

Der Biber und der Esel – Ignaz Friedrich Castelli

Der Esel sprach zum Biber:
„Warum so mühsam sich ein Haus bau´n, lieber?
Der Biber sprach: „Weil ich stets gerne that,"
„Was nicht der Esel Beifall hat."

(aus: Sammlung vierversiger Fabeln, Die Deutsche Gedichtebibliothek im Internet)

Der Biber-Zyklus – Jörg Benner

Der Biber sprach zur Biberin:
„Wie schön, dass ich ein Biber bin!"
Die Biberin zum Biber:
„Mein Lieber!"

Der fragte drauf die Biberin:
„Worin liegt nur des Bibers Sinn?"
Ihn packte philosophisches Fieber,
er suchte nach dem Über-Biber.

Er wühlte lang im Schlamm,
fand den „Willen zum Damm."
Die Antwort kam dem Frager:
„Umnagung aller Nager!"

Da merkte auch die Biberin:
„Du steckst ja tief im Fieber drin!"
Der Biber sprach zur Biberin:
„Wo führst du meinen Biber hin?"

Des Bibers Biber bebte,
Frau Biberin erlebte
Die wahre Biberliebe.

„Dass stets ich Biber bliebe,"
Der Biber sprach zur Biberin,
und „schön, dass ich ein Biber bin!"

(aus: Sammlung Ballabeng, www.joergbenner.de, 1992)

Die Biber – Maja Borisowa

Gewöhnlich sind Biber
Fleißig und gutmütig.
Aber einmal kam in den stillen Wald,
zum Bach unter der alten Weide
ein ganz besonderer Biber,
ein unverschämter und fauler.
Er siedelte sich unter der Brücke an,
er peitschte das Wasser mit seinem Schwanz
für den Damm trug er weder Äste noch Lehm,
dafür biß er sehr schmerzhaft
den Sohn des Otters
und lauerte dem Dachs auf
und walkte den Dachs ordentlich durch!
Aber der schlaue Igel sagte zu ihm:
Und was hast du damit bewiesen?
Du hast das Wasser gepeitscht mit dem Schwanz,
warst faul, hast dich geprügelt, aber
du konntest uns nur darin überzeugen,
was wir schon lange wußten:
Gewöhnlich sind Biber
Fleißig und gutmütig!

Нормальные бобры
Прилежны и добры.
Но вот однажды в тихий бор,
К ручью под старой ивой,
Пришёл особенный бобёр,
Нахальный и ленивый.
Он поселился под мостом,
Он по воде хлестал хвостом,
Он для плотины не носил
Ни веток и ни глины,
Зато пребольно укусил
Он выдриного сына.
И подстерёг он барсука,
И барсуку намял бока!
Но умный ёж
Ему сказал:
И что ж
Ты этим доказал?
Ты по воде хлестал хвостом,
Ленился, дрался, но
Смог убедить нас только в том,
Что знали мы давно:
Нормальные бобры
Прилежны и добры.

(aus: Mursilka, Nr. 10/1975, Seite 23, in russischer Sprache)

Zum Schutz des Bibers – Franz Abendroth

Leint Hunde an - verhalt´ Euch still -
Noch lebt ein Biber, wie er will.
Lauscht, wie er lebt und wie er´s treibt -
Sorgt, daß er uns erhalten bleibt.

(aus: Franz Abendroth, Dessau und seine Elbebiber, Dessauer Kalender 1958, S. 73)

Ein kleines Biberkind – Nils Werner

Im Wald, wo klares Wasser rinnt,
wächst Bibi auf, das Biberkind.
Es wohnt am selbstgebauten Teich.
Sein Biberfell ist braun und weich.

Die Schneidezähne sind so scharf,
daß er schon Bäumchen fällen darf.
Die Großen fällen Stamm für Stamm
Und bauen einen festen Damm.

Sogar der Bibervater lacht,
wenn Bibi seine Späße macht.
Er schlägt im Wasser Purzelbaum,
so schnell und oft, man glaubt es kaum.

Er malt ein Bildchen in den Sand
und nagt ins Holz ein Musterband.,
doch einer schimpft und kratzt sein Kinn:
Er hat nur dummes Zeug im Sinn!

Und einmal, weil er albern war,
gibt er das Zeichen für Gefahr.
Er klatscht aufs Wasser mit dem Schwanz
und sagt: „Ich bitte euch zum Tanz!"

Der größte Biber ruft empört:
„Wer nur aus Spaß Gefahr beschwört,
der muß für immer von uns gehen.
Verschwinde, laß dich nie mehr sehn.

Er singt: Es ist so schön allein,
jetzt muß ich nie mehr artig sein.
Ich tue nur noch, was ich mag
und bin vergnügt den ganzen Tag.

Er fragt den Hasen und das Reh:
„Wer schwimmt mit mir im blauen See?"
Doch alle Tiere sagen: „nein,
wir können´s nicht, schwimm du allein."

Auch wenn er schöne Späße macht,
was hilft es ihm, wenn keiner lacht?
Er spürt: Alleinsein bringt kein Glück
und sehnt sich nach dem Teich zurück.

Im Bach ist fast kein Wasser drin,
und Bibi murmelt vor sich hin:
Das Wasser fließt nicht, seh ich recht?

Dann geht es allen Bibern schlecht!

Er läuft besorgt am Bach entlang
und hört entfernten Plätscherklang.
Er sieht, daß sich das Wasser staut,
weil Holz und Laub den Weg verbaut.

Damit das Wasser fließen kann,
fängt Bibi mit der Arbeit an.
Er müht sich ab und schafft für zwei.
Da kommt die Biberschar herbei.

Die alten Biber loben ihn.
Sein dummer Streich wird ihm verziehn.
Denn seine gute Tat beweist:
In Bibi steckt ein kluger Geist.

Jetzt schwimmt er wieder froh umher,
an seinen Streich denkt niemand mehr.
Doch jeder ist erfreut und lacht,
wenn Bibi kluge Späße macht.

(aus: Nils Werner & Heinz Rammelt, Ein kleines Biberkind. Leipzig, Dr. Herbert Schulze Buch- und Kunstverlag Nachf., 1968)

Der Biber – Ralf Hoffmann

Ein Biber, der sehr fleißig war,
baute seinen Damm und zwar
genau an eine Stelle hin,
an der sein Nachbar-Biber hing.
Der Damm war fertig schön und groß
und hätt dem Wasser standgehalten, bloß
der Nachbar-Biber gar nicht fein
riss des nachtens alles ein.
Am Morgen dann, stand unser Biber
ganz traurig vor dem Wasserschieber.
Er konnte es nicht glauben, was er da sah
Die Stämme waren nicht mehr da,
der Biber hat sich nun gedacht,
ich verschwinde über Nacht
mit Frau und Kind und meinen Sachen
ein Stück flußab, um das zu machen,

was ich schon einmal hab getan,
ein Damm zu bauen mit viel Elan.
Nach ein paar Tagen siehe da,
kam der Regen warm und klar.
Das Wasser floß, der Fluß schwoll an,
des Bibers Damm war nahe dran,
zu brechen und kaputt zu gehen
doch konnte man ganz deutlich sehen,
er hatte Qualität errichtet,
die konnt das Wasser nicht vernichten.
Selbst der Nachbar-Biber, der nicht wollte,
dass der Damm bestehen sollte
war zufrieden und voll Glück,
dass der Damm im Wege stand
und ihm das Leben zugestand.
Voll Dankbarkeit aus diesem Grund
kam die Entschuldigung aus seinem Mund.
Von nun an unterstützte ihn
der Nachbar-Biber mit netter Min´.

Der Biber – Manifest

Ein kleiner Biber mit braunem Felle
knabberte an eines Baumes Ast.
Er nagt die Rinde auf die Schnelle,
aus Angst das er etwas verpaßt.

Da kommt eine kleine Biberdame,
mit einem, ach so hübschen Schwanz.
Er fragt leis´: „Wie ist dein Name?"
und bittet sie um einen Tanz.

Die Dame ist gar missgestimmt,
fragt nach dem Sinn dabei.
„Ich will wissen was du ersinnst,
und, ach ich bin nicht mehr frei!"

Die Dame geht, der Biber nagt
und denkt was wäre wenn …
Hätt´ ich doch nicht so früh verzagt,
würd´ ich jetzt mit ihr penn´!

(www.denkforum.at)

Ein Biber namens Bogumil – Henning Brunke

ein biber namens bogumil
der aß am liebsten eis am stiel
den stiel hat er meist auch verschluckt
der ihm dann aus dem hintern guckt.
nach dem marsch durch darm und magen:
„stiel am biber" kann man sagen…

ein biber namens bogumil
geriet durch zufall einst nach kiel
an die dort´ge schöne förde
über magdeburgens börde
wo manch jagdhund ihn verbellte
weil er ständig bäume fällte
die dann in so bäche fielen
samt ihren blättern an den stielen
hindernis das wasser staute
und den förster nicht erbaute
so gelangte bogumil
zufallsweise halt nach kiel
und legte weiter dideldum
an bächleins läufen bäume um
die stauten reichlich wasser an
was menschen wütend machen kann…

ein biber namens bogumil
der fragte einst beim liebesspiel
die stets bereite biberin
„was meinste soll er jetzte rin?"
„los mach" sagt die „ich werd´ sonst kalt!"
und prompt hat er sie durchgeknallt …
der knall der hallte bis nach kiel
wo förster glatt vom hochsitz fiel
vor schreck über den lauten knall:
ein wahrer jägersmann von fall!

(www.e-stories.de)

Der Hausbau – Haydolight

am morgen sprach zum frosch herr biber:
- hilfst du beim hausbau mir, mein lieber,

der frosch fragt: wo gibt´s material, o gott!
sieh dich mal um, hier liegt nur schrott ...
an die arbeit, es beginnt,
jetzt geht es los, die zeit verrinnt.

sie bauen schnell auf grossem raum.
ein riesenhaus auf einen baum.
der frosch sitzt oben auf dem dach
und hämmert alle nägel flach.
der biber voller stolz
schafft fleissig ran das holz.

zwar macht das bauen ihm viel spass,
jedoch vermisst der frosch das nass.
ein bächlein wäre auch mir jetzt lieber,
denkt sich das wassertier, herr biber
und sagt zum frosch cool:
wir bauen einen pool.

der frosch in seinem hämmerwahn,
schreit – JAU – und baut ein sprungbrett an
der hausbau schnell an fahrt gewinnt ...
herr biber denkt, das fröschlein spinnt.
er schreit ganz laut: du irrer lurch!
hier blickt ja bald kein tier mehr durch.
er sagt zum frosch: son quark
ein haus ist doch kein freizeitpark.

(www.schreiber-netwerk.de)

Aus dem Biberheldenleben – cassandra

In seinem dunklen Bau,
tief in Mutter Gaias Schoß,
wohnt der Biber mit der Frau –
und bei Bibers ist was los.

Monsieur Castor ist sehr emsig
nagt am Baume, baut am Damm,
und des Nachts, da ist er bremsig,
beglückt eifrig dann die Mamm´.

Und so kommen ohne Pause
kleine Biber auf die Welt
und die Biberburg wird enge,
was dem Papa nicht gefällt.

So beschließt er, auszulagern
seine wilden Biberracker –
nun gorleben seine Kleinen
unter Bauer Lüchows Acker.

(www.community.zeit.de)

7 Gedichte zum Biber – Schüler der Primarschule Zwillikon, Schweiz

Es lebt im Wald ein Biberlein,
das ist mutig, doch sehr klein.
Vom Auenwald da kommt es her,
es ist kein Käfer und kein Bär.

Der Bibervater ist ganz schlau,
drum hat er auch ´ne schöne Frau.
Immer nagt er da und dort,
und schafft ganze Bäume fort.

Ein Tisch, ein Stuhl, sein ganzer Stolz,
hat er gemacht aus purem Holz.
Komisch ist sein Biberleben,
er kann 50 Tonnen heben.

Dann setzt er sich ganz schnelle
auf die kleine, dicke Kelle.
Mama macht ´nen kurzen Schlaf,
und sagt den Kindern: „Seid jetzt brav!"

Leider werden wir gejagt,
viele sind schon ganz verzagt.
Zum Glück gibt´s Kinder, die uns lieben,
durch „Hopp-Hopp" Rufe angetrieben.

Sie sammelten so sehr viel Geld
für Biber in der ganzen Welt.

Die Biber sind jetzt alle froh,
wie die Maus im Haberstroh.

Unbekannt, 5. Klasse

Die Biber bauen,
Die Biber schauen.
Sie bauen Dämme,
Sie bauen Gänge.
Sie hören sich,
Und mögen sich.

Luana Schnelli, 2. Klasse

Es war einmal ein Biber,
es war ein ganz, ganz lieber,
und er traf immer wieder
den kleinen süssen Widder.

Der Widder hieß Hubertus
und wohnte gar nicht weit vom Fluss,
wo unser Biber Julius
an seinem Staudamm flicken muß.

Zusammen schwatzen sie und lachten,
wenn wieder ein paar Äste krachten.
So verging die Zeit im Nu,
schon machten beide ihre Augen zu.

Bianca Bacher, 2. Klasse

Der Biber mit dem dicken Fell
bewegt sich vorwärts, und dies ganz schnell.
Er findet seine Biber-Mama nicht,
weil sie gerade einen Ast zerbricht.
Für seinen grossen Bau
macht er einen Riesenstau.
Er schwimmt durch das Wasser fort
Und taucht auf an einem andern Ort.
Ist er müde und geht zur Ruh,
macht er seine Augen zu.

Kimberley Hänselmann, 4. Klasse

Ob klein oder gross,
alle Biber sind famos:
Bäume fällen, Dämme bauen,
immer wieder Wasser stauen.
Der Biber ist ein guter Schwimmer.
Er tummelt sich im Mondscheinschimmer.
Alle Biber sind so braun,
und sie tauchen wie im Traum.

Katrin Horn, 4. Klasse

Es war einmal ein Biber in Bern,
er sah die Sterne sehr gern.
Er schaute in den Mond.
Hätte gern da gewohnt.
Doch leider war er so fern.

Kristina Hörn, 2. Klasse

Papa kommt grad raus,
Mama bleibt zu Haus.
Biber, bist du nett,
dann friß dich nicht zu fett.
Biber sind modern,
drum schwimmen sie so gern.
Biber fressen Holz,
darauf sind sie Stolz.

Noel Stäkli, 4. Klasse

Aus Prinzip – Alfons Pillach

Der Biber ist ein Nagetier,
das gern an Bäumen nagt,
und er wird störrisch wie ein Stier,
wenn ihn das Zahnweh plagt.

Der Biber braucht den Schneidezahn,
um sich durchs Holz zu beißen,
und treibt der Zahnschmerz ihn zum Wahn,
er lässt den Zahn nicht reißen.

(www.tiergedichte2.wordpress.com)

Biber und Lachs – Peter Matzanetz

Der Biber und der Lachs,
die trafen sich eines Tags.

Der Biber sagte zum Lachs,
ich werde dich essen.

Der Lachs sagte zum Biber,
das kannst du vergessen.

Der Biber sagte zum Lachs,
du pass auf ich machs.

Der Lachs sagte zum Biber,
du hast was andres sicher lieber.

Der Biber aber diskutierte nicht lang
worauf er den Lachs verschlang.

So nimmt das Leben seinen Lauf.
Der Lachs stieg ihm noch lange auf.

(www.woman.at)

Der Biber und der Schmetterling – Guido Kasmann

Der Biber sagt zum Schmetterling:
„Du süßes kleines Flatterding!
Seit über einer Stunde schon fliegst du hier Rund´ um Runde."
Und er begann zu hauchen:
„Komm, lass uns doch mal tauchen."
„Du nasser kleiner Biber, ich glaube du hast Fieber!
Was soll ich wohl im Wasser tun?
Bin ich vielleicht ein Wasserhuhn?
Doch suchst du meine Nähe,
komm mit mir in die Höhe."
„Oh Schmetterling, du hast ja Recht
Doch so weit oben wird mir schlecht.
Und bei den Gedanken
Kommt er schon ins Wanken.
Der Schmetterling, er lächelt matt
und setzt sich auf ein nahes Blatt.

„Die Lüfte sind wohl nicht der Ort",
spricht er von dem Aste dort.
„Aber auch die Wasserflut
Tut unsrer Freundschaft gar nicht gut.
Nur auf der Erden
Können wir Freunde werden."
Der Biber sagt ganz munter:
„Dann komm jetzt endlich runter!"
Da konnte man im Walde sehn,
wie zwei sich auf der Stelle drehn.
Der Schmetterling auf Bibers Nase
Tanzten sie vergnügt im Grase.

(www.moenchengladbach.de)

3 Lieder der Beavers (Pfadfinder in Kanada)

I´m a Little Beaver

I´m a little Beaver, short and stout,
Here is my tail and here is my snout.
When you pull my tail, you´ll here me shout,
Hey, I´m a Beaver short and stout.

(Melodie: Ich bin ein kleiner Teetopf)

I´m a Beaver

I´m a Beaver, I´m a Beaver,
I´m so very glad I am,
First we all go into River Banks,
An then we build our dam.

Feed the Beaver, feed the Beaver,
Say our Promise, say our Law,
Say our Motto, go to Lodges,
Where we cut, or clue or draw.

We play games all together,
And we have a lot of fun,
We do our River Banks, build our Dam,
Say goodnight to everyone.

(Melodie: Oh my Darling Clementine)

Slapping Tail

Refrain
Slapping tails. Slapping tails.
Beavers all are we.
Oh what fun we have each day
In our Beaver colony.

Working in our lodge,
Sharing with our friends.
Having fun and making crafts,
´Til the eeting ends;
Then we leave for home,
With things we brought,
Carefully crossing at each street
´Til safely home we´ve got.

(Melodie: Jingle Bells)

(aus: Jim Cameron, The Canadian Beaver Book. Burnstown, Ontario, General Store Publishing House, 1991, Seiten 119-120)

The Beaver – Mary Howitt

Up in the North if thou sail with me.
A wonderful creature I´ll show to thee,
As gentle and mild as a lamb at play,
Skipping about in the month of May,
Yet wise as any old learned sage,
Who sits turning over a musty page.
I know ye are but the beavers small,
Living at peace in your mud wall;
I know that ye have no books to teach
The lore that lies within your reach.
But what? Five thousand years ago
Ye knew as much as now ye know;
And on the banks of streams that sprung
Forth when the earth itself was young.
Your wondrous works were formed as true
For the All-Wise instructed you.
But man? How hath he pondered on,
Through the long term ages gone;
And many a cunning book hath write;

Hath encompassed sea, hath encompassed land,
Hath built up towers and temples grand,
Hath travelled far for hidden lore,
And known what was not known of yore,
Yet after all, though wise he be,
He hath no better skill then ye.

(aus: Jim Cameron, The Canadian Beaver Book. Burnstown, Ontario, General Store Publishing House, 1991, Seite 149)

Der Biber ... - Eugen Roth

Der Biber ist ein Wälder-Roder;
Er baut (nicht mehr an Elb und Oder)
sich seine Burgen mit Geschick.
Verachtet Baumart und Kritik.
Den dicksten Stamm durchnagt er glatt,
klopft Lehm mit seinem Schwanze platt,
denn gut gewohnt ist halb gelebt.
Nach seinem Fell ein jeder strebt:
Zu züchten suchte drum das Tier
manch abgedankter Offizier;
Doch hat ein einziger Hauptmann bloß
verdient am Biberpelz ganz groß.

(aus: Eugen Roths kleines Tierleben, Wien, Carl Hanser Verlag, 1988: Seiten 99-100)

In einer solchen Werkstatt ... - Freiligrath

In einer solchen Werkstatt ist gut zimmern.
Die Waldung funkelt in des Morgens Glanze,
Die Büsche blitzen und die Zweige schimmern,
Und jede Tann´ ist eine starre Lanze.

Mit ries´gem Nacken an den Himmel stemmen
Die Berge sich; still, doch belebt die Auen.
Am Strome drüben, auf den schnee´gen Dämmen,
Seh´ ich den Biber seine Hütten bauen.

(aus: A. W. Grube, Naturbilder. Stuttgart, J. F. Steinkopf, o. J.: Seite 63)

Bei den Bibern ist was los - Karl-Andreas Nitsche

Ein Biber trank zuviel Kaffee,
ihm wurde schlecht, er ging zum See.
Die andern lachten munter,
da ging der Biber unter.

Ein Biber ging auf´s glatte Eis,
rutschte aus, brach sich den Steiss.
Die andern bauten ihm zwei Krücken,
nun kann der Biber sich nicht bücken.

Ein Biber nahm sich eine Frau,
und schleppt sie ab in seinen Bau.
Die andern hatten wen´ger Glück
und ziehen sich dezent zurück.

Ein Biber fällte einen Baum,
doch, zum Fressen kam er kaum.
Die andern langten kräftig rein
und einer pickste ihn ins Bein.

Ein Biber trank zehn Gläser Bier,
jetzt steht er ganz betrunken hier.
Die andern tranken nur zwei Glas
und haben an dem Vollen Spass.

Ein Biber hatte mächtig Zahnweh,
da half auch Kühlen nicht am See.
Die andern lachten drüber,
da gab es Nasenstüber.

Ein Biber sparte nicht am Holz,
Holzfällen war sein ganzer Stolz.
Die andern reden ihm munter zu,
ein Stamm traf ihn, nun hat er Ruh.

The Beaver Song – Robin Sparkles

Hey, Beaver, come on
When you feel alone
Just pick up that phone
And I´ll be there to share my

Ice cream cone
We´ll lick it side-by-side
And deep inside you´ll know before the day is done

Hey beaver, it´s true (it´s true)
I do believe (I do believe I knew)
I got that fever too (I got the fever too)
So let´s go do what hungry beavers do
It will taste so good
We gobble wood and have ourselves some damn
Good fun
Two beavers are better than one
Da ra ra ra ra…………………
Two beavers better than one
They´re twice the fun
Ask anyone
A second beaver can be
Second-to-none
Two beavers are better than one
Da da da da da
You´re my favorite beaver
Da da da da da
Space Teens are forever
Da da da da da
Don´t forget to do your homework
Caus math´s cool!
We´ll share a root beer float
And learn a-boat (about) how friendship
Weighs a metric ton
Everybody
Two beavers are better than one
Da ra ra ra ra …………………
Two beavers are better than one
They´re twice the fun
Ask anyone
A second beaver can be
Second-to-none

Two beavers are better than one
Two beavers are better than one
Da ra ra ra ra …………………

Two beavers are better than one
My bestie beaver
Da ra ra ra ra …………………
Two beavers are better than one
I love you beaver
My beautiful, my beautiful, my beautiful beautiful
really beautiful beaver
Two beavers are better than one
Space Teens forever
Two beavers are better than one
Da ra ra ra ra …………………

(www.lyrics.htm)

The Beaver Call – traditionelles Kinderlied aus Nordamerika

Beavers one and beavers all,
Let´s give the beaver call.
Fuh, fuh, fuh …..

Beavers two and beavers three
Let´s all chew a beaver tree.
Fuh, fuh, fuh …..

Beavers four and beavers five,
Let´s all do the beavers jive.
And rock to the beat.
Fuh, fuh, fuh …..

Beavers six and beavers seven
Let´s all fly th beaver heaven
And flap your "wings" to the beat.
Fuh, fuh, fuh …..

Beavers eight and beavers nine,
Let´s all give the beaver sign
And clap them open and shut.
Fuh, fuh, fuh …..

Beavers ten, beavers ten.
Let´s be beavers once again.
Fuh, fuh, fuh …..

(www.The Beaver Call Lyrics for the Traditional Children´s Song.htm)

Biberlied – Horst Isaria

Wir Biber sind lustig, wir Biber sind klein,
ach es ist doch schön noch ein Biber zu sein.

Refrain
Hola - di, hi - ja, hola di hopsa - sa,
Hola - di- ha, hola di – ho.

Wir lieben das Spiel, den Gesang und den Spaß,
ist einer nicht fröhlich, so ärgert uns das.

Wir Biber sind grün oder braun oder blau,
was der Wölfling das Rudel, ist beim Biber der Bau.

Wir treffen uns immer zur fröhlichen Rund,
daoch ach wie schnell ist vorrüber die Stund.

(www.bayern.pbw.org)

Das Biberlied – Pfadfindergruppe Graz 11

Ich bin ein Biber, ich bin ein Biber,
und ich freu´ mich, dass ich es kann,
zuerst bilden wir das Ufer
und dann bauen wir den Damm.

Biber lernen, Biber spielen,
miteinander in dem Bau,
und wir haben auch ein Motto,
komm und schau dir´s an genau.

Unser Wahlspruch, der heißt teilen,
unser Teich ist wie ein Kranz,
und wir singen und wir basteln
und wir klatschen mit dem Schwanz.

Doch jetzt müssen wir nach Hause,
sind recht vorsichtig und schlau,
seh´n uns wieder in ´ner Wochen,
schlüpfen all´ in uns´ren Bau.

(Melodie: Oh, my darling Clementine)
(www.pfadfinder-graz11.at)

Das Biberlied – Gruppe Herrenholz

Ihr Biber, ihr seid schon elende Hunde,
ihr treibt´s an der Altmühl unverschämt bunt.
Ihr knabbert die Bäume ganz ungeniert an,
man meint gerade, ihr hättet nichts besseres zu tun.
Dann verarbeitet ihr auch noch die Stämme und Zweige,
baut Dämme ins Wasser mit dem ganzen Zeug.
Ihr Biber, ihr seid schon elende Hunde.

Merkt´s euch, ihr Biber, wir haben das Recht auf der Welt,
wir schaffen an, wir haben das Geld.
Deshalb, ihr Viehzeug, merkts euch gut,
wir sind die Krone der Schöpfung, seid vor uns auf der Hut.
Wir waren vor euch im Altmühltal!
Wir kaufen, wenn es sein muss tausend Flinten und Fallen,
und dann geht es rund. Das wird euch nicht gefallen.

Was soll das heißen: ihr seid schon länger im Tal?
Wir waren zuerst da, ihr habt alles kahl geschlagen.
Im Altmühltal war es so schön ohne euch,
die Auwälder waren so dicht und so reich.
Dann seid ihr gekommen mit Äxten und dem Pflug.
Ihr seid für uns, nicht umgekehrt, ein Fluch.
Von euch „Schöpfungskronen" haben wir genug.

Und dann bildet ihr euch ein, mit eurem Geld,
ihr seid die Besten, euch gehört die Welt.
Könnt ihr in der Not von eurem Geld herunter beißen?
Aber wir können Rinde und Zweige fressen.
Ihr predigt, euer Herrgott hat uns alle erschaffen.
Hat er nicht zu euch gesagt: „Leben und leben lassen?"

(Original in oberfränkischem Dialekt)
Text und Musik: Ursula und Rainer Schönig, Sammy West, Thomas Erdel, Renate Köhler, René Steib)

(www.Herrenholz.de.vu)

D´Biber si itz da! – Thomas Reber

Refrain:
Biba Biba, d´Biber si itz da
Biba Biba, Dir chöit Öich druf verlah
Hüt Nami chlatsche mir i d`Hand
Und gumpe wie wild umenand
Vom linke Bei uf´s rächte Bei
Ja das isch das, wo alli wei

1. Strophe
Im Winter git´s ä Schneeballschlacht
Im Früehling wird vorusse glacht
Im Summer gö mir ds Bärgli uf
Im Herbscht schiesse mir d´s Loub i d`Luft

So fröhlech si mir ds ganze Jahr
Ä wildi, luuti Biberschar
Luusbuebe und Luusmeiteli
Ä Riesefröid für Gross und Chli

2. Strophe
Mir reise um die ganzi Wäut
Und zahle dafür gar ke Gäud
Mir bruche üsi Fantasie
Und flüge nöime anders hie

Scho si mer im Schlaraffeland
Dört gäbe mir am Chünig d`Hand
Und finde e Pirateschatz
Dä het i üsem Ruumschiff Platz

3. Strophe
Und bastle chöi mir ou ganz guet
Mir mache üs e Zouberhuet
Und chnüpfe e Indianerschmuck
Das alles geit bi üs Ruck-Zuck

Am Schluss, da gö mir z´friede hei
Und wüsse, dass mir d´s Gliche wie
Die Wuche die söll schnäll vergah
Am Samschtig si mir wieder da

Chaffle, chaffle, Bäum umtue… - Pfadi Kantonalverband

Chaffle, chaffle, Bäum umtue,
häsch kei Sägi, häsch kei Rueh
Äscht abschleppe, Wasser staue,
wer chan gueti Burge baue?

Bruchsch dini Chelle nöd zum choche,
en dicke Pelz und d´Huut bliebt troche,
kai Wasser cha i d Áuge, Nase, Ohre cho
bim Tauche bisch um din Schnurbart froh.

Du bruchsch en Fluss und Bäum zum Läbe,
mir wönd das allne wietersägä.

Nell & Castor - Pfadi Kantonalverband

Hallo i bi di chlini Nell,
bi es Bibermeitli lustig und schnell.
I spile gern im Wasser,
i turne gern im Wald
das sind die Orte e wos mir gfallt.

I zeige eu min Lieblingsplatz,
Mir gönd eimol links, eimol rechts und den ratz fatz.
Scho stönd mir vorem tüüfe, blaue, wunderbare See
Und chönd de Underwasserbiber gseh…

Ganz vill denki dra wies lustig wär,
wenn er kein Underwasserbiber wär.
Mir chönet zeme spiele. Lache, turne und vill meh
Und villi tolli Sache zeme gseh…

I gump id Luft und freu mi immer wider.
De Castor isch kein Underwasserbiber.
Mir hend de Plausch und sind glückli und tanzed mitenand,
jetzt simer Fründe fürenand…

Wenni mit de Hand winke tue,
so gsehni das er au winke tuet.
Und wenni mi em Fuss ganz lustig gwaggle tue,
so lot au sin Fuess kei Rueh…

Hüt isch en bsunderige Tag,
ha nüme glaub das es passiere mag.
Usem Wasser gsprunge, mi ganz nass gmacht debi,
isch jetzt endli s´Träume verbii…

Hallo i bi chli Castor,
Bi ganz plötzli usem Wasser usecho.
D´Nell und i sind ganz schnell guete Fründe worde
und tüend für ganz vill Gschichte sorge…

(aus: Methodische Überlegungen zum Bilderbuch Nell & Castor, Pfadi Kantonalverband SG, AR, AI, Seite 13)

Und wenn emol en Biber bisch…

Und wenn emol zum Biber wetsch,
sin Igang de liit guet versteckt.
So muesch du under Wasser gah,
wenn i Höli ie wotsch cho.

D Biber vo de Biberburg,
die chafle Holz und Rinde,
Sie baued dämit e Biberburg,
für sich und ihri Chinde.

Im Wasser da het er nöd chalt,
will sis Pelzli wärmt ihn halt
sisch Wulle dicht us Grannehaar
und wasserdicht sisch wahr.

D Biber vo de Biberburg,
die chafle Holz und Rinde,
Sie baued dämit e Biberburg,
für sich und ihri Chinde.

(aus: Methodische Überlegungen zum Bilderbuch Nell & Castor, Pfadi Kantonalverband SG, AR, AI, Seite 14)

De Biber und sini Fründe

De chlini Biber isch ganz älei kein Brüeder zum schwimme, kei Schöster zum baue, kei Fründe zum spile Hu, hu, i bi ganz älei!

De chlini Biber isch nüm älei e Ente zum schwimme, en Otter zum baue,
e Schildchrot zum spile, Hurra, hurra, i bi nüm älei!

(aus: Methodische Überlegungen zum Bilderbuch Nell & Castor, Pfadi Kantonalverband SG, AR, AI, Seite 14)

Biber stoh uf!

Chum füre s´isch Ziit und zeig di doch au,
wach uf Biber wach uf!
Ghörsch du nöd, dass d´Vögel pfifed?
Lueg i chum di chli go stupsä!
Los doch au wie s´Bächli ruschet!
Ghörsch du üs denn, mir wömd spiele!

(aus: Methodische Überlegungen zum Bilderbuch Nell & Castor, Pfadi Kantonalverband SG, AR, AI, Seite 15)

Biberblues

Chum tanz mit mir de Bibertanz, vo de lange Zäh und am flache Schwanz,
es wird allne grosse Bäum, gnaggt und gnaggt und gnaggt und poing!

Das isch de Biberblues, de Biberblues, de Pfadi … Biberblues
Das isch de Biberblues, de Biberblues, de Pfadi … Biberblues, hey!

De Biber isch nöd gern ällei, hät Schwimmhüt a de hinder Bei,
er baut im Fluss ganz höchi Dämm, höcher, höcher, höcher, peng!

Das isch de Biberblues, de Biberblues, de Pfadi … Biberblues
Das isch de Biberblues, de Biberblues, de Pfadi … Biberblues, hey!

(aus: Methodische Überlegungen zum Bilderbuch Nell & Castor, Pfadi Kantonalverband SG, AR, AI, Seite 15)

Rulla rulla rullala

Tief im Wald der kleine Teich,
ist des Bibers Königreich.
Dort im Wasser, tief und blau
baut er seinen Biberbau.
Rulla rulla rullala, rulla rulla, rullala,
dort im Wasser, tief und blau,
baut er seinen Biberbau.

Biber wollen singen, lachen.
Biber wollen Unsinn machen.
Wenn die Biber müde sind,
singt das Wiegenlied der Wind.
Rulla rulla rullala, rulla rulla, rullala,
Wenn die Biber müde sind,
singt das Wiegenlied der Wind.

Biber können Bäume fällen.
Biber schwimmen durch die Wellen.
Biber gibt es jung und alt.
Biber fühlen sich wohl im Wald.
Rulla rulla rullala, rulla rulla, rullala,
Biber gibt es jung und alt.
Biber fühlen sich wohl im Wald.

(Melodie: Auf der schwäbsche Eisebahne)

(aus: Der Biberling, 03/März 2008, Seite 14)

Es werken die Biber

Es werken die Biber im tiefgrünen Tann, tripp, trapp.
Des Morgens ganz zeitig, da fangen sie an, tripp, trapp.
Sie hämmern und putzen frühmorgens bis spät,
im Walde da drinnen der Biberdamm steht.

Gar fröhlich ist unsere Biberschar, juche.
Wir lachen und spielen das ganze Jahr, juche.
Und kommst du zu uns sind wir gerne bereit,
mit dir zu teilen Freude und Leid. Juche.

Es grüßen dich alle, die hier bei uns sind, hallo.
Die Biber, die teilen und helfen geschwind, hallo.
Wir sind stets bereit und fangen gleich an.
Wir schwimmen durchs Wasser und bauen den Damm.

(Melodie; Es klappert die Mühle am rauschenden Bach)

(aus: Der Biberling, 03/März 2008, Seite 14)

Biberlein komm tanz mit mir

Biberlein komm tanz mit mir, beide Hände reich ich dir,
wir helfen hier, wir helfen da, wir Biber sind die frohe Schar.

Dort im Wald ist das Quartier, da lachen, tanzen, spielen wir.
Wir helfen hier, wir helfen da, wir Biber sind die frohe Schar.

Doch nun gehet wieder heim, wollen zu Haus auch Biber sein.
Wir helfen hier, wir helfen da, wir Biber sind die frohe Schar.

(Melodie: Brüderchen komm tanz mit mir)

(aus: Der Biberling, 03/März 2008, Seite 13)

Wer will fleißige Biber sehen

Wer will fleißige Biber sehen, der muss zu uns Pfadfindern geh´n.
Nag, nag, nag, nag, nag, nag,
ein Biber nagt den ganzen Tag.

Wer will fleißige Biber sehen, der muss zu uns Pfadfindern geh´n.
Ohne Rast, ohne Ruh,
die Biber bauen immerzu.

Wer will fleißige Biber sehen, der muss zu uns Pfadfindern geh´n.
Äste fein, groß und klein,
der Bau, der wird bald fertig sein.

Wer will fleißige Biber sehen, der muss zu uns Pfadfindern geh´n.
Platsch, platsch, platsch, platsch, platsch, platsch,
der Schwanz, der schlägt auf´s Wasser: platsch!

Wer will fleißige Biber sehen, der muss zu uns Pfadfindern geh´n.
Schwimm, schwimm, schwimm, schwimm, schwimm, schwimm,
der Biber lebt im Wasser drin.

Wer will fleißige Biber sehen, der muss zu uns Pfadfindern geh´n.
Mampf, mampf, mampf, mampf, mampf, mampf,
die Rinde frißt der Biber ganz.

Wer will fleißige Biber sehen, der muss zu uns Pfadfindern geh´n.
Hüpf, hüpf, hüpf, hüpf, hüpf, hüpf,
die Biber, die sind quitschvergnügt.

Wer will fleißige Biber sehen, der muss zu uns Pfadfindern geh´n.
Teilen wir, teilen wir,
teilen ist der Wahlspruch hier.

Wer will fleißige Biber sehen, der muss zu uns Pfadfindern geh´n.
Oh, wie fein, oh wie fein,
wir wollen gute Freunde sein.

(Spiel-Lied, Melodie Wer will fleißige Handwerker sehn)

(aus: Der Biberling, 03/März 2008, Seite 12)

Nag nag nag, Biber sind wir – Pfadfindergruppe Leobersdorf

Sagt mal laut wer seid denn ihr?
Wir sind Biber, was glaubt ihr?

Einmal in der Woche dann
Bauen wir den Biberdamm.

Spielen, lachen, lustig sein,
Brav sind wir doch nur zum Schein

Nag nag nag … Biber sind wir …

Mit euren Zähnen seid ihr stark,
Wir nagen fast den ganzen Tag.

Sagt, welches Motto liegt nicht fern?
Zusammenhelfen tun wir gern!

Teilen gehört da auch dazu
Das haben wir gelernt im Nu

Nag nag nag … Biber sind wir …

Den Biber-Gruß, den könnt ihr auch,
Nag nag nag, das ist der Brauch.

Wollt ihr uns noch mehr erzählen?
Nein, wir wollen euch nicht quälen.

So, das war´s mit unserm reim
Besucht uns doch mal im Heim.

(Meldodie: Das Lied der Schlümpfe)

(aus: Der Biberling, 03/März 2008, Seite 11)

Darryl The Beaver – Andalusion

I´m love with Darryl the beaver
I´m love with Darryl the beaver
I´m love with Darryl the beaver
I´m love with Darryl the beaver

I´m love, I´m love
I´m love with Darryl the beaver
I´m love, I´m love
I´m love with Darryl the beaver

Beaver! Beaver! Beaver!
Build that dam
Beaver! Beaver! Beaver!
You´re the man
Beaver! Beaver! Beaver!
Build that dam
Beaver! Beaver! Beaver!
You´re the man

We´re in love with Darryl the beaver
We´re in love with Darryl the beaver
We´re in love with Darryl the beaver
We´re in love with Darryl the beaver

I´m love, I´m love
I´m love with Darryl the beaver
We´re in love, we´re in love
We´re in love with Darryl the beaver

Beaver! Beaver! …..

Yeah go! Little beaver!
Hes kinda furry! We love you!

Beaver! Beaver! Beaver!
Cummon Darryl
Beaver! Beaver! Beaver!
Little beaver
Cummon Darryl
Beaver! Beaver! Beaver!
That´s all

(LyricsFreak © 2013)

We Are The Beaver – Kayne West / Arrogant Worms

The US is the eagle, Russia is the bear,
Australia is the kangaroo cause they´re kind of weird down there.
Yeah, India is the tiger, that's stands so proud and tall,
But Canada ist the greatest of them all.

We are the beaver, we´re furry and we´re free
Yeah, we´re the beaver, we got two big front teeth
Yeah, we are the beaver, we can chew right through small trees
We are the beaver, we are the beaver, we are the beaver.

You might think a rodent is a pretty lame choice
For a national animal, but don´t listen to that voice.
No, cause all them birds and preditors, just take from the land
But the beaver, always gives a dam.

We are the beaver, we got cute little webbed feet
Yeah, we are the beaver, it´s bark we like to eat
Yeah, we are the beaver, a nickel we complete.
Yeah, we are the beaver, we are the beaver, we are the beaver.

The eagle flies the sky above and swoops down on its prey
The big bear will maul anyone who dares gets in its way
The tiger is the greatest of the hunters today.
But the beaver it can build dams. Yeah,
The beaver it can build dams, dams, dams.

We are the beaver, we slap our tail when danger´s nearby
We are the beaver, we got waterproof hides
Yeah, we are the beaver, we got bigs bums and beady eyes.
We are the beaver, we are the beaver, we are the beaver.

We are the beaver, our name is often used as a double entedre
We are the beaver, cause in Canada, both French and English belong
Yeah, we are the beaver, and the subject of this song is
We are the beaver, we are the beaver, we are the beaver.
I can´t hear you.
We are the beaver, we are the beaver, we are the beaver
Are you getting the point?
We are the beaver, we are the beaver, we are the beaver

The Beaver Song – Brittany Serrador

Beaver one, beaver all
Let´s all do the beaver crawl.
Beaver two, beaver three
Let´s all climb the beaver tree.
Beaver four, beaver five
Let´s all do the beaver jive.
Beaver six, beaver seven
Let´s all go to Beaver Heaven.
Beaver eight, beaver nine
Stop! It´s beaver time.

(www.bussongs.com/songs/the-beaver-song.php)

The Busy Beaver Song – Anonym

One, two, three, four
Beavers, beaver are busy
Busy like me and you.
Beavers, busy beaver
I´m a busy beaver
Are you and busy beaver too.
I´m a busy , busy, busy beaver
I´m a busy beaver, yes it´s true
We are busy beavers
Are you and busy beaver too.

(busybeavers.com)

I´m Proud To Be A Beaver – Steve Van Zandt

Chew, chew, chew, chew
That´s what beavers do, we chew
Slap tail, shout out loud
I´m proud to be a beaver

No time to play there´s work to do
Dams to build, logs to chew
Aspen wood tastes good you know
Tree comin´ down, look out below!

Rodents come in different sizes
We are bid look at the incisors
Our teeth keep growing unless we´re doing
What we do best, that is chewing

Under ice we dive down low
Our lodge is entered from below
It´s warm and safe and dry in there
Because we´re skillful engineers

Slap your tail, sound the alarm
Webbed feet swim away from harm
River otter loves to eat
Beaver snack, beaver treat

Waterproof fur and diving gear
Plugs for the nose and plugs for the ears
We wear diving goggles too
You see we´re built swim and chew

Beaver ponds help flood control
In times of drought they´re a water hole
So remember your beavers pals
We build lodges, dams and canals

(Ein Lied, um etwas über Biber zu lernen von Steve Van Zandt und der Banana Slug String Band)

Beaver – Phil Alexander

Always thought it was a rodent
Swimming round and making a dam
Then I found out another meaning
Now I know how lucky I am

Look, it´s a beaver – in the water
Beaver holding onto a stick
Beaver! When you´re shouting
Beaver heads away pretty quick

Ev´rybody´s wants a beaver
That is something we all know
Beaver – and if you ain´t got one
You want a beaver for yourself even mo´

Damming up the river
Daming up-a the stream
I say damn! When I see that beaver
And I know tonight I´m going to dream…

Look, there´s a beaver – in my email
Beaver looking hairy and tight
Beaver! Click the link, there´s
Beaver all throught the site

Watching Basic Instinct
Seeing Sharon Stone in that chair
Just like Michael Douglas
I couldn´t tear my eyes from down there
I saw her beaver – on the freeze-frame
Beaver shown to all o´the cops
Beaver! Once it´s started
Publicity like that never stops

I saw Loaded Weapon
Unlucky for you if you´ve not
They made fun of Sharon Stone
With a gratuitous "beaver" shot
It was a beaver – a man-sized beaver
Beaver sitting down in the chair
Beaver! Veryhairy
With teeth sticking down right there

Now you´ve listened to my story
Now you see how lucky I am
Chicks will hide away their beaver
But this beaver doesn´t build a dam

They give you beaver when you kiss them
Beaver, taken out for a meal
Beaver! Just elliptical
What a lovely beaver to feel
What a lovely beaver to feel
What a lovely beaver to feel

(Eine Parodie auf das Lied "Fever" von Ella Fitzgerald mit dem Titel "Beaver")

Бобриная песня - Biberlied

Тучи мрачные толпятся – значит скоро грянет гром!
Глупый страус поспешает спрятать голову в песок,
У мартышки от испуга сердце скачет под ребром,
И от страха у шакала комом в горле встал кусок.
А бобры себе резвятся – им ненастье нипочём,
Пусть сильнее грянет буря – гром не властен над бобром!

(www.bober.ru)

Святая жизнь навеки суждена… - Иван Роботов

Святая жизнь навеки суждена
Тому, кто без сомнений и оглядки
Постигнет философию бобра,
Сидящего в своей уютной хатке.

Твой образ жизни праведен и прост
И нету для развития предела,
Коль поменял на зубы и на хвост
Больное человеческое тело.

Уйдя к реке в бобровые места,
Там водрузив плотину философий –
Ты подгрызёшь распятье у Голгофе.

Так соверша прелюдно этот грех
Не дав воскреснуть телу Бога-сына,
Ты удалишься, наплевав на всех,
К жене и деткам. К речке. На плотину.

(www.bober.ru)

Heiliges Leben, für immer gegeben … - Iwan Robotow

Heiliges Leben ist für immer gegeben.
Dem, der ohne Zweifel und Umsicht
die Philosphie des Bibers begreift,
der in seiner gemütlichen Hütte sitzt.

Dein Lebenszweck ist vollbracht und einfach,
es gibt keinen Grund daran etwas zu ändern.

Den Pfahl wechselt er von den Zähnen zum Schwanz,
kranker menschlicher Körper.

Zum Fluß und zu den Bibern gehend,
dort unter dem dichten Damm der Philosophie –
frisst du das Christuskreuz aus Golgata
mit den Biberzähnen.

Wie glaubhaft unmenschlich diese Sünde,
hast dich nicht bekreuzigen lassen vor dem Gottes-Sohn,
beseitigst alles, pfeifst auf alle,
auf die Frauen und Kinder, zum Fluß, zum Sumpf.

Бобёр – Русская народная песня

На реке, на речке
На реке быстрой,
На реке быстрой,
Купался бобёр.

Купался бобёр,
Купался серой,
Не выкупался –
Весь вымарался.

На берег взошел,
Отряхивался,
На горку взошел,
Обсушивался.

Охотнички рыщут,
Охотнички свищут,
Сера бобра ищут,
Хотят бобра бить,

Хотят бобра бить,
Хотят застрелить,
Хотят застрелить,
Кунью шубу сшить,

Кунью шубу сшить,
Бобром опушить,
Бобром опушить,
Жену нарядить.

Biber – russisches Volkslied (Übersetzung)

In dem Fluss, in dem Flüsschen,
in dem schnellen Fluss,
in dem schnellen Fluss,
badete ein Biber.

Badete ein Biber,
badete ein Grauer,
hat nicht ausgebadet –
ist nun ganz entkräftet.

Kam ans Ufer,
hat sich abgeschuftet,
kam auf die Anhöhe,
um sich zu trocknen.

Die Jäger, sie stöbern,
die Jäger, sie pfeifen,
sie suchen den grauen Biber,
sie wollen den Biber töten.

Sie wollen den Biber töten.
Wollen ihn erschiessen
Wollen ihn erschiessen,
für Kunja einen Pelz nähen.

Für Kunja einen Pelz nähen,
das Biberfell schön weichmachen,
das Biberfell schön weichmachen,
damit sich seine Frau recht freut.

Про бобра

Как – то тётушка Варвара
Мне зказала: „Ты востёр,
Но смотри, у крутояра,
На реке живёт бобёр!
У него большие зубы,
У него свирепый вид.
Ребятишек он не любит,
Укусить их норовит" …

Ох уж, тётушка Варвара!
Я такой же фантазёр.
Я бывал у крутояра.
Правда, там живёт бобёр.
Только он – хороший малый,
Звать его – Короткохвост.
Мы в нырялки с ним играли,
Помогали строить мост.

Потому что все бобры
Очень милы добры!

Über den Biber (Übersetzung)

Irgendwann sagte Tantchen Warwara
zu mir: „Du bist gewachsen, sieh mal,
am steilen Ufer am Fluss wohnt der Biber!
Er hat große Zähne,
er hat einen bösen Blick.
Er liebt keine Kinderlein,
er will sie beißen" …

Nicht doch, Tantchen Warwara!
Ich bin so ein Spinner.
Ich habe am Steilufer gefischt.
Es stimmt, dort wohnt ein Biber.
Aber es ist ein guter, kleiner,
man nennt ihn Kurzschwanz.
Wir haben mit ihm gespielt,
haben geholfen, eine Brücke zu bauen.

Darum sind alle Biber sehr lieb und gut!

Sprüche, Sprichwörter und anderes

Ubit´ bobra – ne widat´ dobra
(Russisches Sprichwort: Einen Biber zu töten, bedeutet nichts Gutes)

Все бобры добры до своих бобрят.
(Russisches Sprichwort: Allen Bibern sind die eignen Biber lieber)

От бобра бобренок, от свиньи поросенок.
(Russisches Sprichwort: Biber haben Biberkinder, Schweine haben Ferkel)

Были бы бобры, а ловцы будут.
(Russisches Sprichwort: Wenn Biber da wären, wären auch Biberjäger da)

Купить свинью за бобра.
(Russisches Sprichwort: Anstelle eines Bibers hat er ein Schwein gekauft)

Седина бобра не портит.
(Russisches Sprichwort: Das graue Fell macht den Biber nicht schlechter)

Zivilisation. Die Biber wohnen abseits der Flüsse.
(Lakonische Zeilen von Heinrich Wiesner)

Der Biber braucht zum Wohlfühlen greifbare Werte und Sicherheit.
(Anonym, Spruch aus einer Wochenzeitung)

Sitzen zwei Biber auf ihrem Damm.
Aus der Ferne ertönt eine Kettensäge.
Sagt er zu ihr: „Hörst du das?
Die spielen unser Lied!"

(www.lustich.de)

Rettet die Bäume, esst mehr Biber!

Rettet den Wald – esst mehr Biber!

Sag, schämst du dich nicht Biber Karl?
Ein Biber mit Schwimmreifen, das ist ein Skandal!
Oder bist du wasserscheu?
Das wär allerdings neu!

Denn Biber sind im ganzen Land
dafür bekannt, dass sie gut schwimmen.
Also Karl Biber,
vergiss den Schwimmreifen lieber!

(www.grundschulmaterial.de, Medienwerkstatt Schulschriften, 2012, Grundschulmaterial Verlagsgesellschaft mbH)

No. 0274: vom jacuzzi-biber

ein biber schwimmt im fluss herum
geradeaus, im kreis – und stumm.
er fällt am ufer viele bäume
erfüllt sich die jacuzzi-träume:
staut wasser auf zu einem teich,
der ist dann tief – und nicht mehr seicht.
der biber mit dem platten schwanz
taucht unter – aber immer ganz!

(www.vonsulecki.com)

Ein Biber sprach zur Beutelratte
„Gestatten, dass ich sie begatte?"
„Bedaure!" sprach die Beutelratte,
„Oben auf der Felsenplatte sitzt
mein Beutelrattengatte
und er hat selber eine Latte!"

(www.krokofant.net)

Der Biber ist eine Nagetier und trinkt am liebsten Lagenbier!

Der Biber macht´s richtig: Nagt alles kaputt!

(T-Shirt Aufdruck)

Hat der Biber nur ein Bein, kann es doch kein Biber sein.

(www.bloedesprueche.de)

Beaver Law - Beavers

A beaver has fun,
works hard and
helps his friends.

(Pfadfinder in Kanada)

Man wird mich nie glauben machen, Biber seien leere Körper ohne Geist.

(Jean de la Fontaine, Discours á Madame de la Sabiliere)

Po. Biber

In Italien packt den Biber
Ein übergroßes Reisefieber,
drum baut die Dämme lieber
jetzt er an Po anstatt am Tiber.
Hier bis zu seinem Tode blieb er
und Baugeschichte schrieb er
als der berühmte Po. Biber.

(www.literatur.stangl.eu)

Der bibermann, der kleine wicht,
erzählt der frau, er hätt die gicht.
Doch nur, um zu enteilen
Und bei der kuh zu weilen.
Dort übernimmt er sich jedoch
Der rücken schmerzt ihm immer noch!
Nun klagt er gar nicht mehr zum schein,
die wahrheit holt die lüge ein!
Eins schwört sich jetzt der biber:
Zur kuh geh ich nie wieder!

(www.biberfreunde.de)

Der biber, biber, merkt schon wieder,
das fieber hält ihn auch nicht nieder.
Selbst im großen fieberwahn
Macht er jede biba an.

(www.biberfreunde.de)

Böser Biber Bocki benagte breitstämmigen
Buchenbaum bis Buchenbaum brach.

(aus: Franz Fühmann, Von A-Z. Ein Affenspaß für Alfons. Rostock, Hinstorff Verlag, 2006)

Der Biber

Es kam aus dem Wald ein Biber
Mit hohem Fieber.
Er sprang den Wasserfall runter
Da war er wieder munter.

(Nils, 1. Klasse, aus: www.kinderpoesie.de)

Liegt ein Hase am Baggersee in seinem Liegestuhl, raucht ´nen Joint, ist glücklich und zufrieden mit sich und der Welt, kichert leise vor sich hin.
Da kommt der Biber an: „Ey Hase, was is´n mit dir los? Krass Alder. Haste was geraucht man? Ich will auch was abhaben!"
Hase: „Nee alles meins. Das brauch ich selber noch."
Biber: „Och menno, biiiteeee! Ich hab noch nie in meinem Leben gekifft und will das einmal ausprobieren."
Hase: „Okay, aber nur ein Zug. Aber damit sich der wenigstens lohnt und so richtig reinballert, ziehste an dem Joint, hälst die Luft an und tauchst einmal durch den ganzen See!"
Der Biber tut wie ihm geheißen, zieht, taucht einmal durch den ganzen See, atmet aus und es haut sofort voll in die Blutbahn. Er legt sich an die andere Uferseite, philosophiert über sich und das Gute in der Welt und chillt so vor sich hin. Da kommt das Nilpferd an: „Biber, was geht ab man? Du hast bestimmt was geraucht, gib mir mal was ab Alder!"
Biber: „Nee man, hab ich selber nur geschnorrt. Mußte mal den Hasen fragen, der gibt dir bestimmt was ab. Der hängt genau auf der anderen Seite vom Ufer rum. Mußte einfach mal quer durchtauchen.
Das Nilpferd tut wie ihm geheißen, taucht durch den See zum Hasen. Der Hase chillt in seinem Liegestuhl vor sich hin, wacht auf, starrt das Nilpferd mit großen Augen an und schreit: „Biiiber, du mußt auch mal wieder ausatmen!"

(www.schnurpsel.com)

Biber sind kluge Tiere und außerdem geben sie gute Bettwäsche.

(www.razyboard.com)

Der Biber baut sein Haus mit dem Schwanz!

Fleissig wie ein Biber!

As busy as a beaver!

Dass der Biber noch nagt hier am grünen Holz
Ist der Stadt Aken Ruhm und Stolz!

(Spruch auf einem Notgeldschein und einer Ansichtskarte der Stadt Aken/Elbe)

Хто уб`е бобра, той не пізнае добра!

(Ukrainisches Sprichwort: Wer einen Biber tötet, dem geschieht nichts Gutes!)

Russische Aphorismen über Biber

Бобры всех стран – объединяйтесь!
Biber aller Länder vereinigt euch!

Чем бы бобер не тешился – лишь бы не зубами.
Woran der Biber nicht alles Freude hat – Hauptsache nicht mit den Zähnen.

Чем бобер отличается от террориста? С террористом можно договоится.
Wodurch unterscheidet sich ein Biber von einem Terroristen? Mit einem Terroristen kann man sich einigen.

Жизнь дана на бобрые дела.
Das Leben ist in die Hand des Bibers gegeben.

Бобр дал – бобр взял.
Der Biber hat es gegeben – der Biber hat es genommen.

Люди боброй воли.
Menschheit ist des Bibers Wille.

Бобры идут! Бобрам – дорогу!
Die Biber kommen! Den Bibern freien Weg!

Вы член партии? – Нет, я бобер.
Sind Sie Parteimitglied? – Nein, ich bin ein Biber.

Бобр бобру – друг, товарищ и бобр.
Der Biber ist dem Biber ein Freund, ein Genosse und ein Biber.

Бобр познается в беде.
Der Biber hat Unglück.

Сам погибай, а бобра – выручай.
Du mußt selbst sterben, aber ein Biber lehrt es dich.

За битого бобра двух небитых дают.
Für einen getöteten Biber sollen sie zwei ungetötete geben.

Все равны боры, один я – соболек. (В. Даль)
Alle Biber sind sich gleich, nur ich, ich fühle mit. (W. Dahl)

Бобр бобра видит издалека.
Ein Biber erkennt einen Biber schon aus der Ferne.

Не пойман – не бобр.
Kein Fang – kein Biber.

Что сходит с рук бобрам, за то бобришек бьют.
Für das, was Biberhände schaffen, werden die Biber getötet.

Съел бобра – спас дерево.
Wer einen Biber gegessen hat, hat einen Baum gerettet.

Съедая одного бобра вы спасаете сотни деревьев.
Wenn sie einen Biber essen, retten sie damit hunderte von Bäumen.

Убей бора – спаси дерево!
Töte einen Biber – rette einen Baum!

Убить бобра – не видать добра.
Einen Biber töten – nichts Gutes sehen.

Нет худа без бобра.
Es geht auch ohne Biber.

Бобры – это не только ценный мех, но еще и острые зубы.
Biber – nicht nur ein kostbares Fell, sondern auch scharfe Zähne.

Дареному бобру в зубы не смотрят.
Einem geschenkten Biber schaut man nicht auf die Zähne.

Все мужья добры, покупили женам бобры; а мой муж неуклюж: невидаль, корову купил.
Alle Männer sind nett und haben ihren Frauen einen Biber gekauft, aber mein Mann ist dumm und hat ungesehen eine Kuh gekauft.

Бобер без жены – как рыба без велосипеда.
Eine Biber ohne Frau – wie ein Fisch ohne Fahrrad.

Бобры ответчают на вопросы не потому, что знают на них ответы; они ответчают потому, что их спрашивают.
Biber antworten auf Fragen nicht, weil sie eine Antwort wissen; sie antworten darum, weil sie gefragt werden.

Бобры, которые курят, кончают раком. Некурящие бобры оттягивают конец.
Biber, die rauchen, sterben an Krebs. Nichtrauchende Biber zögern das Ende hinaus.

Literaturhinweise und Quellenverzeichnis

ABENDROTH, F. (1958): Dessau und seine Elbebiber. Dessauer Kalender 1958

ABENDROTH, F. (1959): Von de Biwerte, de Farschter un de Liewespärchen innen ahlen Tierjarten. Dessauer Kalender: 55-57.

ABENDROTH, F. (1961): Vom Keilenbeißer, von Bademeistern, Fischern, Förstern aus dem Tiergarten. Bibererlebnisse vor dreißig Jahren. Dessauer Kalender: 84-91.

AMMAN, J. & BOCKSPERGER, H. (1592): Thierbuch / Sehr künstliche und wolgerissene Figuren / von allerley Thieren / durch die weitberühmten Jost Amman und Hans Bocksperger / sampt einer Beschreibung ihrer Art / Natur und Eigenschaften / auch kurtzweiliger Historien so darzu dienstlich. Menniglich zum besten in Reimen gestellt. Durch den Ehrnhafften und Wolgelehrten Georg Schallern von München. Allen Kunstliebhabern zu ehren und sondern gefallen in Truck geben und verlegt / Durch Sigmund Feyerabends Erben. Mit Röm. Keys. Mayest. Freiheit Gedruckt zu Franckfort am Mayn / Im Jar M. D. LXXXXII

BARON VON HOLBERG (1751): Moralische Fabeln. Aus dem Dänischen, Leipzig-Kopenhagen, 1751

BRANSTER, G. (1986): Handbuch der Heiterkeit. Halle-Leipzig, Mitteldeutscher Verlag, 5. Aufl.

BÜRGER, M. (1975): Zootiere wie wir sie erleben. Berlin, Deutscher Landwirtschaftsverlag

CAMERON, J. (1991): The Canadian Beaver Book. Fact, Fiction and Fantasy. Burnstown, Ontario, General Store Publishing House Inc.

Der Biberling, Niederösterreichische Pfadfinder und Pfadfinderinnen, 03/März 2008

DUNN, A. M. (2003): When Beaver Was Very Great.- In: Beaver Ecology, Upham Woods, Outdoor Learning Center, 2003

ECKE, E. (1948): Revier Uhlenstein. Mitteldeutsche Druckerei und Verlagsanstalt, Halle/Saale

FABELN (1783): Fabeln der helvetischen Gesellschaft gewidmet. Viertes Buch. Basel bey J. Jacob Thurneysen, den Jüngern

FÜHMANN, F. (2006): Von A-Z. Ein Affenspaß für Alfons. Rostock, Hinstorff Verlag

GRUBE, A. W. (o. J.) Naturbilder. Stuttgart, Verlag J. F. Steinkopf

HINZE, G. (1950): Der Biber. Berlin, Akademie-Verlag

HERR SMIL VON PARDUBIC (1855): Der neue Rath des Herrn Smil von Pardubic, eine Thierfabel aus dem 14. Jahrhundert. Leipzig, Verlag von R. Weigel

KAZNER, J. F. (1786): Fabeln, Epigramme und Erzählungen. Frankfurt am Mayn

KONITZKY, G. A. ed. (1992: Märchen der nordamerikanischen Indianer, Diederichs Märchen der Weltliteratur, Reinbeck bei Hamburg, Rowohlt

KONSHAK, E. (2009): John O. Johnson, Beaver Chips, 1908 & 1909, Beaverlodge Centennial 1909-2009, herausgegeben von Elizabeth Konshak, Wembley, Alberta

LIPS, J. E. (1968): Zelte in der Wildnis. Berlin, Der Kinderbuchverlag

LIPS, J. E. (1951) Vom Ursprung der Dinge. Leipzig

LOPEZ, B. H. (1982): Hört die Geschichte vom listigen Coyote. Bern-München-Wien, Scherz Verlag

MOONEY, J., ed. (1992): Mythen der Cherokee. Der Aufstand der vierfüßigen Völker und die Eulenspiegeleien von Tricksterhase. Berlin, Verlag Clemens Zerling, Reihe Documenta ethnographica, Bd. 4

NELL & CASTOR (o. J.): Methodische Überlegungen zum Bilderbuch. Pfadi Kantonalverband St. Gallen, Appenzell.

PHYSIOLOGUS (1987): Physiologus. Frühchristliche Tiersymbolik. Berlin, Union Verlag, 3. Aufl.,

POESTION, J. C. (1886): Lappländische Märchen, Räthsel und Sprichwörter, Wien, Verlag von Carl Geroldts Sohn,

RIEDEL, V. ed. (1989): Phaedrus. Der Wolf und das Lamm. Fabeln lateinisch-deutsch. Leipzig, Philipp Reclam jun., Reclams Universal Bibliothek Nr. 1312

ROTH, E. (1988): Eugen Roths kleines Tierleben, Wien, Carl Hanser Verlag

SNEGIRJOW, G. (o. J.): Das Wunderboot. Moskau, Verlag Progress

SPENCER, L. (1998): Mythen der Indianer, Augsburg, Bechtermünz Verlag - Weltbildverlag

THURBER, J. (1974): Lachen mit Thurber. Berlin, Verlag Volk und Welt, 3. Aufl.

WERNER, N. & H. RAMMELT (1968): Ein kleines Biberkind. Leipzig, Dr. Herbert Schulze Buch- und Kunstverlag Nachf.

Aus dem Internet

www.bayern.pbw.org
www.biberfreunde.de
www.bloedesprueche.de
www.bober.ru
www.bussongs.com
www.busybeavers.com
www.community.zeit.de
www.denkforum.at
www.digitale.bibliothek.uni-halle.de
www.e-stories.de
www.fabelnundanderes.at
www.frankwinkler.de
www.freizeitfreunde.de
www.frigger.de
www.grundschulmaterial.de
www.gsgberenbostel.de
www.gymnasium-marktoberdorf.de
www.hekaya.de
www.Herrenholz.de.vu
www.info@biber-ist-da.de
www.joergbenner.de
www.keinverlag.de
www.kinderpoesie.de
www.kraehse.de
www.krokofant.net
www.literatur.stangl.eu
www.literaturnetz.org.
www.lustich.de
www.lyrics.htm
www.moenchengladbach.de
www.nasowatt.de
www.naturbeobachtungen.de
www.pfadfinder-graz11.at
www.razyboard.com
www.schnurpsel.com
www.schreiber-netwerk.de
www.sos-halberstadt.bildung-lsa.de
www.storyparadies.de
www.The Beaver Call Lyrics.htm
www.tiergedichte2.wordpress.com
www.vonsulecki.com
www.webergarn.de
www.woman.at
www.zambo.ch

Name des Bibers bei verschiedenen Völker

Albanisch	kastori
alt hochdeutsch	bibar
alt deutsch	bieber
alt englisch	bevor, beofor
alt finnisch	maja, majawa
alt norwegisch	bijorr, bjur
alt persisch	baóvara
alt schwedisch	bjur
alt teutonisch	bebru, bebruz
amerikanisch	beaver, American beaver, canadian beaver
angelsächsisch	beofor, beovor
arabisch	Kalb-al-má
baschkirisch	Kandus
cornisch	befer
bulgarisch	bobr – бобър
chinesisch	héli
dänisch	bæver
deutsch	Biber
estnisch	beaver, kobras
finnisch	majava
französisch	Castor, le bievre
gälisch	Beabbar
georgisch	thachwi
griechisch	kastor - κάστορ
indo – europäisch	bhebhrus
isländisch	bjorr
italienisch	castori, bivaro, bevero
jurak-samojedisch	lideng
keltisch	befyr, befur
kirgisisch	kundús
kroatisch	dabar
lappisch	majag, wadneum
lateinisch	Castor fiber
lettisch	bebrs
litauisch	bebras, bebru, ubinis bebras
mandschurisch	chailun
mongolisch	minisch, минж, chalighun
neu niederländisch	bever
niederdeutsch	bever
niederländisch	bever
norwegisch	bever
ostjakisch	mach, urschae

ostjak-samojedisch	podsh, putscho, putsch
persisch	kündüs, kundaz, badaster, biduster, bidester, chaz, siklabi
polnisch	bóbr
portugiesisch	le castor, biévre
provenzialisch	vibre
romanisch	biveria, bièvre
rumänisch	breb / castor
russisch	bobr – бобр
sanskritisch	babhru
schwedisch	bäver, bäfver
slowakisch	bobor
slowenisch	bober
spät lateinisch	beber
spanisch	bibaro, bevaro
syrjänisch	moi
tatarisch	kundüs
tschechisch	bobr
türkisch	kunduz, kondus
tungusisch	chattala
ungarisch	hód
ukrainisch	bober – бобер
wogulisch	chundel

Indianische Völker

Algonquin	amik
Cree	amisk
Mistassini	ucimaaw
Tlingit	Deiheetaan
Beaver	tsaa?
Dakota / Lakota	capa – Abk. für canyapaniwan, wörtl. schwimmt mit einem Stock im Maul

Zum Weiterlesen

BLANCHET, M. (1994): Le Castor et son Royaume. - Paris (Delachaux et Niestle): 312 pp.

DURIAN, W. (1973): Der Mann im Biberbau. - Berlin (Kinderbuchverlag): 196 pp.

FISCHER-NAGEL, A. & C. SCHMITT (1989): Eine Biberburg im Auwald. - München (dtv): 94 pp.

HINZE, G. (1950): Der Biber. Körperbau und Lebensweise, Verbreitung und Geschichte. - Berlin (Akademie-Verlag) 216 pp.

KALAS, S. & K. KALAS (1987): Das Biber-Kinder-Buch. - Salzburg-München.

KOHLHASE, G. (2012): Im Tal der Biber. Die Abenteuer der Biberbrüder Kalmus und Primus. - Beucha-Markleeberg (Sax-Verlag): 208 pp.

LEWANDOWSKA, C. (1981): Bei den Bibern am Fluss. - Warszawa (Nasza Ksiegarnia): 44 pp.

MÜLLER-SCHWARZE, D. & L. SUN (2003): The Beaver. Natural History of a wetland engineer. - Ithaca-London (Cornell University Press): 190 pp.

NITSCHE, K.-A. (2012): Wenn nachts die Bäume fallen. Die Lebensgeschichte eines Elbebibers. - Berlin-Dessau (epubli-juf-multimedia), überarbeitete Neuauflage: 56 pp.

PRISCHWIN, M. (1970): Grau-Eule und andere Erzählungen. - Berlin (Der Kinderbuchverlag); 392 pp.

REICHHOLF, J. H. (1996): Comeback der Biber. - München (dtv), 232 pp.

ROSELL, F. & K. V. PEDERSEN (1999): Bever. - Norwegen (Landbruksforlaget): 272 pp.

STROHMEYER, C. (1935): Meister Bockert. Der Herr der Wasserburgen. Ein Biber-Roman. - Berlin: 103 pp

ZAHNER, V.; SCHMIDBAUER, M. & G. SCHWAB (2005): Der Biber. Die Rückkehr der Burgherren. - Amberg (Buch und Kunstverlag Oberpfalz), 136 pp.

ZUPPKE, U. (1987): Dem Biber auf der Spur. - Leipzig.

Im selben Verlag erschienen

JUF multimedia, Dessau 2013,
ISBN: 978-3-8442-4880-7
168 Seiten, Preis: 19,50 €

JUF multimedia, Dessau 2011
Doppel-CD zum Preis von 10,- €
Bestellung: www.juf-multimedia.de -> shop / Hörbücher